Wolfgang Kessler
Zukunft statt Zocken
Gelebte Alternativen zu einer
entfesselten Wirtschaft

Impressum

Wolfgang Kessler
Zukunft statt Zocken
Gelebte Alternativen zu einer
entfesselten Wirtschaft

Satz: Elke Habicht
Layout: Andreas Klinkert
Druck und Bindung:
Westermann Druck Zwickau GmbH
Auflage: 2/2015
© Oktober 2013
Publik-Forum Verlagsgesellschaft mbH
Postfach 2010
61410 Oberursel
www.publik-forum.de

ISBN 978–3–88095–253–9

Wolfgang Kessler

Zukunft statt Zocken

Gelebte Alternativen
zu einer entfesselten Wirtschaft

Für
Barbara und Christian

Inhalt

Es geht auch anders ...
Ein persönliches Vorwort

Wer ständig durch Deutschland reist, erlebt eine kuriose Stimmung. Oberflächlich ist alles paletti: Viele Menschen haben Arbeit, die Verbraucher kaufen, die Steuerquellen sprudeln, die öffentlichen Schulden sinken. Und ständig findet irgendwo eine Massenparty statt, in Fußballstadien, beim Karneval, beim Christopher-Street-Day oder anderswo. Krise war gestern, heute ist Feiern angesagt.

Wenn man jedoch mit Menschen tiefer ins Gespräch kommt, erlebt man eine viel nachdenklichere Stimmung. Kaum jemand glaubt, dass es gerecht zugeht. Viele geben dem Geldsystem keine Zukunft. Und noch mehr treibt die Sorge um, welche Welt wir unseren Kindern und Enkelkindern hinterlassen, wenn Erde und Klima weiterhin so strapaziert werden.

Zwar treffe ich überall widerständige, engagierte Menschen, die für eine bessere Welt eintreten: in Initiativen, Netzwerken, in Parteien, in den Kirchen. Doch sie scheinen auf verlorenem Posten gegen jene mächtigen Kräfte in Politik und Wirtschaft, die die gegenwärtige Entwicklung als alternativlos hinstellen, weil sie von ihr profitieren.

Gibt es wirklich keine Alternativen? Meine Antwort lautet: Doch! Denn auf meinen Reisen treffe ich auf

Menschen, die zeigen, dass es anders geht. Sie leben in diesem scheinbar alles beherrschenden Rendite-Kapitalismus ein gerechteres, ein nachhaltigeres, ein menschlicheres Wirtschaften vor.

Aber das sind doch alles Inseln im Meer des globalen Kapitalismus, höre ich manche sagen. Ohne Zweifel. Aber sie beweisen, dass es anders ginge. Man stelle sich nur vor, eine mutige und originelle Politik würde sich an den Prinzipien solcher Inseln orientieren. Dann gäbe es mehr solcher Inseln, und am Ende würde sich auch das Festland verändern.

Journalisten sollen die Wirklichkeit abbilden und Missstände kritisieren, höre ich oft. Mir reicht dies nicht. Es geht auch darum, Alternativen für eine bessere Welt sichtbar zu machen, um nicht dem Unglauben zu verfallen, es gäbe keine. Gegen diesen Unglauben streitet diese Schrift.

Wolfgang Kessler, Oberursel, September 2013

Zocken statt Zukunft: Die entfesselte (Welt-)Wirtschaft

Hurra, wir leben nicht in Haiti: Die wachsende soziale Ungleichheit in Deutschland

»Nein, wir leben nicht in Haiti, wir leben in Deutschland. In Haiti verhungern Menschen, hierzulande gibt es Hartz IV.« Ein absurder Vergleich. Aber ich gebrauche ihn ziemlich oft, wenn ich mit Vertretern aus Politik, Wirtschaft und Wissenschaft über Armut, Gerechtigkeit und Solidarität in Deutschland diskutiere.

Natürlich ist niemand gegen Gerechtigkeit. Das Problem beginnt jedoch, wenn konkret über Armut, über Niedriglöhne, über Leiharbeiter, über die Nöte kinderreicher Familien diskutiert wird. Dann folgen die Ausreden. Die wichtigste Ausrede lautet: Wir sind doch nicht in Haiti. Soll heißen: Bei uns verhungert doch niemand; der Sozialstaat kommt für alle auf. Und im Übrigen läuft die Wirtschaft bei uns doch besser als anderswo.

Selbstverständlich krepiert in Deutschland niemand so elend an Armut wie in Haiti jährlich Tausende. Wer allerdings behauptet, dass der deutsche Sozialstaat und die derzeit gut laufende Wirtschaft allein schon Gerechtigkeit herstellen, lässt sich täuschen oder will getäuscht werden.

Die gespaltene Gesellschaft

Die Wirklichkeit im reichen Deutschland sieht anders aus: Im Jahre 2013 sind noch immer drei Millionen Menschen als arbeitslos registriert, weitere 1,5 Millionen sind auch arbeitslos, nur nicht als solche registriert. Mehr als acht Millionen Menschen können von ihren Löhnen nicht leben. Sie verdienen weniger als neun Euro pro Stunde, 1,5 Millionen verdienen weniger als fünf Euro. Die Zahl der Menschen, die auf Lebensmittel von Tafeln angewiesen ist, stieg von 500 000 im Jahre 2005 auf derzeit 1,5 Millionen, sagt die Tafelbewegung. Rund 13 Millionen Bundesbürger leben in prekären Verhältnissen. Sogar der Erfolg in Schule und Studium hängt wieder verstärkt vom Geldbeutel der Eltern ab.

Gleichzeitig hat sich das Nettovermögen der Deutschen laut Bundesregierung in den vergangenen zwanzig Jahren von 4600 auf rund 10 000 Milliarden Euro verdoppelt. Nimmt man nur das Geldvermögen, dann hat jede und jeder Deutsche knapp 80 000 Euro auf dem Konto. Dass nur die wenigsten diese Summe tatsächlich auf ihrem Konto finden, hat einen Grund: Das Vermögen ist immer ungleicher verteilt. Laut Markus Grabka vom Deutschen Institut für Wirtschaftsforschung besitzen die zehn Prozent der reichsten Haushalte inzwischen rund sechzig Prozent davon, die »untere Hälfte« der Gesellschaft teilt sich ein Prozent.

Auch vom Arbeitsmarkt hört man derzeit nur Gutes: mehr Stellen, Fachkräftemangel, so viele Erwerbstätige wie nie zuvor. Das ist nicht falsch. Aber es ist nur die halbe Wahrheit. Denn ein gutes Drittel der Erwerbstätigen sind Minijobber, Midijobber, Leiharbeiter, Honorarkräfte, befristet Beschäftigte. Schnell gewachsen ist auch die Zahl der Erwerbstätigen mit Werkverträgen oder der neuen Selbstständigen. Die befristeten Arbeitsverhältnisse und die Leiharbeit schaffen Industrie-Nomaden: Heute hier, morgen dort. Stabile Partnerschaften, ein Leben mit Kindern, ein dauerhaftes gesellschaftliches Engagement, ja eine geregelte Lebensplanung überhaupt werden immer schwieriger.

Diese Spaltung der Gesellschaft setzt sich bei Krankheit und im Alter fort. Im Gesundheitswesen wächst die Tendenz zu einer Zwei-Klassen-Medizin. Geringe Einkommen oder Phasen der Arbeitslosigkeit senken im Alter die Rente. Und dies umso stärker, seit mehrere Regierungen durch sogenannte Rentenreformen die gesetzlichen Renten gesenkt und die private Vorsorge aufgewertet haben. Damit wächst mit jedem Jahrgang, der in den Ruhestand geht, die Altersarmut, schreibt der Rentenexperte Martin Staiger in seinem Buch »Rettet die Rente« (Publik-Forum Edition 2013), denn geringe Einkommen setzen sich im Alter fort. Und wer hat mit geringem Einkommen schon die Möglichkeit, privat vorzusorgen. Doch selbst wer vorsorgt, weiß inzwischen, dass die hoch subventionierte Riester-Rente nicht ansatzweise die Renditen abwirft, die versprochen wurden. Die Kluft zwischen Gewinnern und Verlierern wird in Deutschland weiter wachsen.

Freier Markt und Egoismus am Fließband

Diese Entwicklung ist kein Naturereignis, wie uns gerne glauben gemacht wird, um sie als alternativlos darzustellen. Sie ist die Folge eines marktradikalen Denkens, an dem sich die Mehrheit in Politik, Wirtschaft und Wissenschaft seit mehr als zwanzig Jahren orientiert. Es fußt auf klaren Prinzipien: Der freie Markt ist effizienter als der Staat; Ungleichheit der Einkommen ist ein Anreiz, mehr zu leisten, um das eigene Einkommen zu erhöhen; ein üppiger Sozialstaat verführt Menschen dazu, sich hängen zu lassen; nur wenn sich Unternehmen möglichst frei entfalten können, erwirtschaften sie jene Gewinne, mit denen sie Arbeitsplätze schaffen und den Reichtum aller steigern können, sagt die marktradikale Lehre.

Aus diesen Prinzipien wird stets die gleiche Politik abgeleitet: Steuern senken, Sozialleistungen abbauen, möglichst viele Leistungen wie Strom, Wasserversorgung, Gesundheit, Renten privatisieren, damit der Staat möglichst schlank ist und sich die Unternehmen frei entfalten können. Man müsse die fettesten Pferde füttern, damit auch für die Spatzen mehr Pferdeäpfel abfallen, sagte die ehemalige britische Premierministerin Margaret Thatcher. Diese Pferde-Spatzen-Theorie hat die Welt revolutioniert.

Die Praxis zeigt jedoch die Probleme dieses Marktradikalismus: Wer die fettesten Pferde füttert, schafft zunächst nicht mehr Pferdeäpfel für die Spatzen, sondern mehr hungrige Spatzen: Kaum irgendwo ist der Anteil der Armen in der Gesellschaft so hoch wie in den Ländern, die besonders marktradikal regiert wurden: USA und Großbritannien. Und Stabilität garantiert der freie Markt schon gar nicht, was die freiesten aller Märkte, die globalen Finanzmärkte, gerade bewiesen haben.

Dennoch hat dieses marktradikale Denken, auch Neoliberalismus genannt, zig Millionen Köpfe erobert, auch jene von vielen Verbrauchern und Unternehmern. »Geiz ist geil« wurde zum Mantra vieler Konsumenten – Kosten runter, Gewinne rauf zum Inbegriff wirtschaftlicher Vernunft in vielen Unternehmen. Und nicht nur dies. Zusammen mit den Errungenschaften der digitalen Revolution, allen voran dem Internet, gaukelt der Marktradikalismus den Menschen vor, dass die Freiheiten in dieser Gesellschaft zahlreicher seien denn je – schließlich können wir vieles zu jeder Zeit überall haben und tun. In seinem

Buch »Ego. Das Spiel des Lebens« arbeitet Frank Schirrmacher, Herausgeber der *Frankfurter Allgemeinen Zeitung*, heraus, wie sehr der marktradikale Informationskapitalismus die Menschen verändert hat: »Ein Weltbild, das hinter allem menschlichen Tun die unausweichliche Logik des Eigennutzes am Werk sieht, produziert Eigennutz wie am Fließband. Umgeben von einer Welt, in der Informationen nicht nur an Börsen, sondern am Arbeitsplatz, in der Kommunikation und sogar bei Freundschaften von logisch arbeitenden Rechenmaschinen organisiert werden, die nach den Gesetzen der persönlichen Profitmaximierung den menschlichen Charakter kalkulieren, verändern sich gesellschaftliche Wertvorstellungen in staunenswerter Geschwindigkeit.«

Die Auswirkungen dieses Ego-Spiels zeigen sich täglich: Wer viele Gespräche führt, erlebt eine Mentalität in vielen Büros, in Redaktionsstuben, in Versicherungen, Banken und Werbeagenturen, die den Ärmeren nur Verachtung entgegenbringt – und dem Staat auch. Für den Vorzeige-Philosophen Peter Sloterdijk ist der Staat ein »geldsaugendes und geldspeiendes Ungeheuer«, der Sozial- und Steuerstaat »eine Kleptokratie«, in der die Unproduktiven auf Kosten der Produktiven leben. Auch prominente Steuerhinterzieher wie Uli Hoeneß, Präsident des FC Bayern München, oder Ex-Post-Chef Klaus Zumwinkel begründen ihre Steuerhinterziehung letztlich mit ihrer tiefen Abneigung, dem Staat einen Teil ihres Geldes zu geben. Wer in diesem Klima Solidarität und Gerechtigkeit einfordert, wird als naiver Gutmensch diffamiert.

Auch die Politik hat sich in ihrer großen Mehrheit dem marktradikalen Denken untergeordnet – und den herrschenden Interessen, die von diesem Denken profitieren. Viele Politikerinnen und Politiker sehen sich nicht mehr als Anwälte des Gemeinwohls. Sie glauben: Was gut ist für die Privatwirtschaft, ist gut für alle. Die rot-grünen Hartz-Gesetze sind ein Musterbeispiel dafür, wie der Staat die Lebensleistungen von Menschen entwertet und selbst Armut schafft. Was bei dem Internet-Versandhaus amazon Anfang 2013 an skandalösen Arbeitsbedingungen entdeckt wurde, ist im Wesentlichen von den Hartz-Gesetzen gedeckt.

Diesem Trend entspricht die Steuerpolitik: Großverdiener und Großunternehmen zahlen heute wesentlich weniger Steuern als unter Bundeskanzler Helmut Kohl: Der Spitzensteuersatz liegt bei 42 Prozent, vorher lag er bei 53 Prozent. Die Vermögenssteuer ist seit 1996 ausgesetzt, weil die Politik die vom Bundesverfassungsgericht kritisierten Berechnungsgrundlagen nicht anpassen wollte. Vor 25 Jahren hat ein Spitzenmanager eines Dax-Unternehmens das 14-Fache eines Durchschnittsgehaltes erhalten, heu-

te ist es das 70-Fache. Und die Gewerkschaftsvertre-
ter in den Aufsichtsräten stimmen meistens zu. Gerne
verweist die Politik auf die Steuerflüchtlinge und die
Konzerne, die weltweit Steuerschlupflöcher nutzen,
um Steuern zu sparen. Doch: Wer hat den Superrei-
chen und Großunternehmen jene Kasinos, jene Steuerschlupflöcher geöffnet, die die Politik jetzt zu Recht
kritisiert?

Gefährlicher Reichtum
Wenn die wachsende soziale Ungleichheit weiter
kleingeredet oder verdrängt wird, dann wird sie gleich
zweifach gefährlich: Sie spaltet eine Gesellschaft, in
der sich die Bürger ohnehin schon ungerecht behandelt fühlen. Wenn sich diese Entwicklung fortsetzt,
dann drohen Resignation, Ohnmachtsgefühle und
frustrierte Gewalt. Zudem wird der Reichtum der Unternehmen – entgegen der Ideologie des Marktradikalismus – immer weniger investiert. Der Anteil der Investitionen in Bauten, Maschinen und andere Anlagen an der Wirtschaftsleistung ging laut Statistischem
Bundesamt von rund 22 Prozent in den 1990er-Jahren
auf heute rund 17 Prozent zurück – trotz hoher Gewinne. Stattdessen wandern die Gewinne an die Finanzmärkte, um dort wieder jene Probleme zu verschärfen, die noch immer nicht gelöst sind.

War da mal was? Das große Schweigen über das wirkliche Ausmaß der Finanzkrise

Wenn man den Medien und vielen Politikern Glauben schenkt, dann hat sich die Lage an der Geldfront entspannt: Die Politik verweist auf viele Regulierungen, die sie auf den Weg gebracht hätte. Die Banken müssen in den kommenden Jahren mehr Eigenkapital vorhalten; es gibt eine Europäische Finanzaufsicht. Zudem sollen künftig nicht mehr die Steuerzahler für Pleitebanken aufkommen, sondern die Eigentümer. Der Euro sei nicht mehr in Gefahr, hört man. Also, alles gut?

Mitnichten. Wer die Wirklichkeit kennenlernen will, treffe sich mit ganz gewöhnlichen Bankern. Nur die wenigsten wollen ihre Namen gedruckt sehen, doch sie erzählen sofort, wie es wirklich ist: Selbst kleine Banken werden derzeit mit Geld regelrecht überflutet. Dies ist eine Folge der Politik der Zentralbanken: Sie überschwemmen die Wirtschaft mit möglichst billigem Geld – in der Hoffnung, dass dann Kredite vergeben werden und die Wirtschaft wieder ins Laufen kommt. Es sind diese Politik der Zentralbanken in den USA, in Europa oder in Japan und die umstrittene Ankündigung der Europäischen Zentralbank, künftig alle Anleihen von Euroländern aufzukaufen, die die Lage an der Geldfront vorübergehend entspannt haben. Dieses Versprechen gibt den Anlei-

hen auch von Krisenländern den Anschein von Sicherheit, sodass sie für Käufer auch bei geringeren
Zinsen interessant sind.

Geldschwemme mit Folgen
Natürlich haben geringe Zinsen einen ökonomischen
Vorteil. Da Geld auf Sparbüchern an Wert verliert,
fließt mehr Geld in den Konsum, oder es wird in die
reale Wirtschaft investiert. Zumindest in den USA
scheinen niedrige Zinsen ihren Beitrag zu einem Auf-
schwung zu leisten. Die Unternehmen investieren
wieder mehr und schaffen Arbeitsplätze.

Die Banker allerdings erwähnen auch die Schatten-
seiten dieser Entwicklung. Die Furcht vor geringen
Zinsen treibt Anleger zu Anlagen, die höhere Renditen abwerfen, aber sehr riskant sind: vor allem in Ak-
tien, aber auch in – oft überteuerte – Immobilien.
Nicht wenige fürchten deshalb eine Aktienblase, die
jederzeit platzen kann. Oder eine Immobilienblase, in
der viele Eigentümer ihre Häuser verlieren.

Was die Banker spüren, ist eine grundlegende Veränderung des Geldsystems in den vergangenen zwei
Jahrzehnten: War es früher das erste Ziel des Finanzsystems, den Geldverkehr diskret und sicher zu regeln sowie das Geld von Sparerinnen und Sparern
einzusammeln und dieses gegen Zinsen an kreative
Unternehmen und Privathaushalte zu verleihen, da-

mit diese Arbeit schaffen und Häuser bauen, so geht es inzwischen vor allem darum, aus Geld möglichst schnell mehr Geld zu machen, ohne Häuser, Fabriken und andere Werte zu schaffen.

Entstanden ist ein globales Spekulationskarussell, das sich auch nach der Finanzkrise fast ungebremst weiterdreht. Zwar haben die Banken infolge von Regulierungsmaßnahmen etwas an Macht verloren. Dafür haben die Schattenbanken – Hedgefonds oder Private Equity Firms – an Macht gewonnen, weil sie nicht der Bankenaufsicht unterliegen. Der Finanzstabilitätsrat der Regierungen der zwanzig wichtigsten Industriestaaten bezifferte das Finanzvolumen der Schattenbanken im November 2012 auf 67 000 Milliarden Dollar, vor zehn Jahren waren es 26 000 Milliarden Dollar. Da diese Fonds kaum Kontrollen unterliegen, ist auch ihre Anlage- und Spekulationspraxis nicht kontrollierbar.

Der Unterschied zwischen dem Geldumsatz und dem Umsatz von Waren und Dienstleistungen ist größer denn je. So werden an den Devisenbörsen der Welt jeden Tag etwa 4000 Milliarden Dollar umgesetzt, obwohl nur 80 bis 100 Milliarden Dollar genügen würden, um alle Waren und Dienstleistungen zu bezahlen, die jeden Tag bezahlt werden müssen.

Spekulation und Handel laufen dabei rasend schnell. Inzwischen sind an den Börsen 250 000 Transaktionen pro Sekunden möglich. Hedgefonds wollen diese Zahl auf über 400 000 erhöhen, schreibt Suleika Reiners, die Politikberaterin des World Future Council in Hamburg, derjenigen Institution, die den Alternativen Nobelpreis vergibt. Natürlich hat diese Beschleunigung nichts mit Liquidität für die reale Volkswirtschaft, mit Geld für wichtige Investitionen zu tun. Es geht einfach darum, Handelsgewinne zu erzielen. Und an diesem Hochfrequenzhandel ist kein Mensch beteiligt, es läuft über Softwareprogramme und Hochleistungscomputer.

Private Bereicherung – öffentliche Schulden
Dieses Spekulationssystem erhöht ständig den privaten Reichtum von wenigen – und die Schulden aller. Nach konservativen Schätzungen der Organisation für Entwicklung und Zusammenarbeit (OECD) bunkern reiche Anleger und Institutionen mehr als 21 000 Milliarden Dollar in den Steueroasen – anonym und an den Finanzämtern der Welt vorbei. Das Washingtoner Institut Global Financial Integrity kommt in einer Untersuchung der illegalen Finanzflüsse aus Entwicklungs- und Schwellenländern allein für das Jahr 2010 auf die unglaubliche Summe von 858,8 Milliarden Dollar, die aus den Entwicklungsländern abflossen, größtenteils in Steueroasen. Aber auch die Industriestaaten verlieren hohe Steuereinnahmen, denn globale Konzerne

wie Apple, Google oder Starbucks nutzen diese Steueroasen zusammen mit den unterschiedlichen steuerlichen Regelungen der EU-Staaten zur drastischen Senkung ihrer Steuerlast. »Das nennt man Kapitalismus«, rechtfertigt Eric Schmidt, der Vorstandsvorsitzende von Google, diese Praxis. »Der Schaden durch Steuerbetrug und Steuervermeidung könne in Deutschland bei schätzungsweise mindestens 160 Milliarden Euro pro Jahr liegen«, sagte Norbert Walter-Borjans, der Finanzminister von Nordrhein-Westfalen.

Global, anonym, rasant, spekulativ – das ist der Lauf des Geldes. Dieses rasende Spekulationskarussell treibt eine Wirtschaftsweise voran, die sich allein an kurzfristigen Renditen orientiert, an einem möglichst rasanten Wachstum, das mit der ansonsten viel beschworenen Nachhaltigkeit nicht vereinbar ist. Und niemand sage, der sogenannte Normalbürger sei von dieser Entwicklung nicht betroffen. Dieses Geldsystem treibt die großen Geldströme dorthin, wo die höchstmögliche Rendite lockt. Dann fehlt es dort, wo keine Renditen erzielt werden können: in Kommunen, in Pflegeheimen, in Jugendzentren, in Schulen, in Kindergärten, in Universitäten und so weiter. Während der private Reichtum wächst, spitzt sich die öffentliche Armut zu. Die wachsenden öffentlichen Schulden sind das Spiegelbild der wachsenden privaten Vermögen.

Die Krisen und die Bürger

Den Versuch, die Kosten der Finanzkrise zu sozialisieren und denen aufzubürden, die sie nicht verursacht haben, zeigen bereits die vergangenen fünf Jahre. Im April 2013 veröffentlichte die Tageszeitung *Die Welt* die Ergebnisse einer Studie des Rheinisch-Westfälischen Instituts für Wirtschaftsforschung. Darin beziffern die Wissenschaftler die Kosten der Finanzkrise für Deutschland auf 187 Milliarden Euro. Dabei haben sie »nur« die durch die Krise entgangenen Steuereinnahmen und die Aufwendungen für Konjunkturprogramme in den Jahren 2009 und 2010 zusammengerechnet. Nicht eingerechnet sind die Kosten für die Rettung von Banken wie der Hypo Real Estate, der IKB-Bank oder der Commerzbank, die sich – so die Wissenschaftler – noch nicht beziffern lassen, weil der Bankenrettungsfonds die toxischen Wertpapiere dieser Banken noch nicht verscherbelt hat. Es handelt sich aber um Kosten in mittlerer zweistelliger Milliardenhöhe.

Sehr einseitig verteilt sind auch die Lasten der Eurokrise oder der Staatsschuldenkrise, wie viele sagen. Die schwerste Last tragen die Bürger in den südeuropäischen Krisenstaaten oder in Irland. Die Sparprogramme sorgten dafür, dass inzwischen zwanzig Millionen Eurobürger arbeitslos sind – vor fünf Jahren waren es elf Millionen. Am schlimmsten trifft es junge Erwachsene in Griechenland, Spanien oder Portugal, von denen jeder zweite ohne Erwerbsarbeit ist. Hier wächst eine verlorene Generation heran. Zur breiten Arbeitslosigkeit kommen sinkende Löhne und Renten hinzu – mehr Menschen verarmen. Und wer wirklich geglaubt hat, dass sich diese sozialen Opfer in sinkenden staatlichen Schulden auszahlen, wird getäuscht: Die Schuldenlast dieser Länder bleibt hoch oder wächst weiter. Irland, Griechenland, Portugal oder Italien haben weiterhin Staatsschulden, die ihre jährliche Wirtschaftsleistung teilweise deutlich übersteigen. Wie sollen sie je zurückgezahlt werden? Nur exportstarke Staaten wie Deutschland profitieren von dieser Entwicklung, weil sie aufgrund der geringen Zinsen ihre Staatsschulden leichter finanzieren können.

Diese Entlastung darf jedoch nicht darüber hinwegtäuschen, dass die Steuerzahler gerade in Deutschland die Hauptlast der Europolitik tragen. Zwar verweisen Gläubiger wie Banken und Versicherungen auf den Teil-Schuldenerlass für Griechenland im Jahre 2012. Nach Angaben des Versicherungskonzerns Allianz haben sie jedoch gerade einmal 25,5 Milliarden Euro eingebüßt. Da sind selbst die offiziellen Beträge höher, für die die Bundesregierung schon heute haftet: Laut Bundesfinanzminister Wolfgang Schäuble handelt es sich um 55,4 Milliarden Euro aus dem Rettungsfonds und 15,17 Milliarden für bilaterale Kredite.

Auf ganz andere Zahlen kommt allerdings der Bund der Steuerzahler. Er sieht ein Haftungsrisiko für Deutschland in Höhe von 509 Milliarden Euro – pro Einwohner wären das 6200 Euro. Selbst wenn es letztlich auch nicht annähernd um derart astronomische Summen geht, so zeigen die Rechnungen doch, welche Lasten auf die Steuerzahler zukommen können.

Die Finanzkrise gelöst, der Euro stabil? Mitnichten. Das Spekulationskarussell dreht sich ungebremst weiter, es drohen immer neue Blasen, das Geld folgt weiterhin der Rendite, während es den Menschen fehlt. Die Kosten der Eurokrise werden den Armen im Süden und den Steuerzahlern der Zukunft aufgebürdet, während die Schulden der Krisenstaaten dennoch weiter wachsen. Die Menschen dienen noch immer dem Geld – und nicht umgekehrt.

Der globale Wachstumswahn: Der industrielle Turbokapitalismus bedroht die Welt

Noch mehr Autos, noch mehr Fernseher, alle sechs Monate ein neues Handy, jedes Jahr einen neuen Laptop, bis zum Bersten volle Kleiderschränke und Shoppen als liebste Freizeitbeschäftigung – das kann nicht gut gehen, sagen viele: von der Verkäuferin bis zum Studienrat, vom Opel-Arbeiter bis zum Spitzenbanker. Und wenn alle Menschen auf der Welt so viele Autos fahren, so viele Fernseher haben, so viel Energie verbrauchen wie US-Amerikaner und Deutsche, dann: Gute Nacht, Erde.

Auch viele Politiker können es sich nicht vorstellen, dass es immer so weitergeht: »Die Krise stellt unsere freiheitliche und soziale Ordnung infrage. Wir können nicht zur Tagesordnung übergehen. Wir brauchen endlich eine nachhaltige Entwicklung«, schrieb Bundesfinanzminister Wolfgang Schäuble. Dennoch setzen Politik und Wirtschaft in der Praxis unverdrossen auf Wachstum. Auch viele Verbraucher wollen ungestört weiter konsumieren.

Warum sind alle so versessen auf Wachstum? Die Antwort: Hinter ihm stecken mächtige Triebkräfte, allen voran der Kapitalismus. Das Zusammenspiel von Markt, Privateigentum an Produktionsmitteln, Aussicht auf Gewinn und Konkurrenz entfaltet eine gigantische Dynamik. Das Ergebnis ist eine ungeheuer hohe Produktivität der Wirtschaft, durch die sich immer mehr Menschen einen immer höheren Lebensstandard leisten können, vor allem in den Industrieländern, aber inzwischen auch in vielen Schwellen- und Entwicklungsländern. Und das Schöne ist: Wenn es gut läuft, geht die Entwicklung immer weiter. Mit dem Kapitalismus ist es wie mit einem Fahrrad: Wenn man anhält, fällt es um.

An dieser Erfolgsgeschichte verdienen viele: Die Unternehmen machen Gewinne, ihre Aktionäre erhalten eine höhere Dividende, ihre Manager Spitzeneinkommen. Sind die Gewinne hoch, können auch die Löhne steigen. Dann wird wieder mehr gekauft. Dieses Wachstum steigert die Steuereinnahmen. Die Politiker können jetzt mehr Wohltaten finanzieren, ohne bestimmten Bevölkerungsgruppen etwas wegnehmen oder Schulden machen zu müssen.

Die Wahrheit über den Wohlstand

Angesichts dieser Erfolgsgeschichte werden die negativen Folgen ausgeblendet. Dafür sorgt schon das Bruttoinlandsprodukt (BIP) als Wohlstandsmaßstab. Politiker, Wissenschaftler, Journalisten – alle jubeln, wenn das BIP jedes Jahr höher ist als im Vorjahr. Allerdings bedeutet dies nur, dass in einem Jahr mehr Waren und Dienstleistungen produziert und bezahlt wurden als im Jahr zuvor. Es sagt nichts darüber aus, wie es den Menschen geht, ob sie gesünder sind als im Jahr zuvor, ob mehr Kinder einen Schulabschluss haben oder ob der Reichtum besser verteilt ist. Ja sogar noch schlimmer: Das Bruttoinlandsprodukt bewertet negative Entwicklungen als Wohlstandszuwachs. Überschwemmungen oder explodierende Reaktoren mögen viele Opfer fordern, doch die Pflege der Verletzten, die Reparatur des Beschädigten, der Wiederaufbau – das alles schafft Wachstum, steigert das Bruttoinlandsprodukt und damit auch den messbaren Wohlstand. Andererseits rechnet das Bruttoinlandsprodukt wichtige Entwicklungen gar nicht mit: Wenn Menschen aus reiner Hilfsbereitschaft nach einer Flutkatastrophe beim Aufräumen helfen oder Nachbarn für Pflegebedürftige Hilfsdienste anbieten, ohne Geld zu verlangen – so wird dies vom Bruttoinlandsprodukt nicht registriert. Und selbstredend meldet das Bruttoinlandsprodukt auch nur, dass der Reichtum der Gesellschaft gewachsen ist, nicht jedoch, wie gleichmäßig dieser Reichtum verteilt ist.

Kritiker haben diese Schizophrenie längst entlarvt. Hans Diefenbacher, Ökonom und Umweltbeauftragter der Evangelischen Kirche in Deutschland, hat mit einer Projektgruppe am Wissenschaftszentrum Berlin an einer Alternative zum Bruttoinlandsprodukt gearbeitet und den »Nationalen Wohlfahrtsindex« erstellt. Im Gegensatz zum Bruttoinlandsprodukt bezieht er unentgeltliche Leistungen wie Kindererziehung in die Berechnungen mit ein, bewertet die Einkommens- und Vermögensverteilung und zieht Umweltkosten vom gemessenen Sozialprodukt ab. Und siehe da: Speziell seit der Jahrtausendwende verzeichnet Deutschland zwar wirtschaftliches Wachstum – die nationale Wohlfahrt hat jedoch nach dem alternativen Index abgenommen. Denn: Der zusätzliche

Reichtum ist ungerecht verteilt, und das Wirtschaftswachstum belastet die Umwelt und verbraucht viele
Ressourcen.

Immerhin ist Wirtschaftswachstum als Wohlstandsmaßstab inzwischen umstritten. Zwei Jahre lang dis-
kutierten 34 Sachverständige im Rahmen einer Enquetekommission des Deutschen Bundestages über
Wachstum und Wohlstand. Obwohl zu den Debatten
auch radikale Wachstumskritiker geladen wurden,
standen eine grundlegende Abkehr vom Wachstumsfetischismus und eine Alternative zum Bruttoinlandsprodukt für viele Bundestagsabgeordnete nie wirklich zur Diskussion. Als Kompromiss werden künftig
zum Bruttoinlandsprodukt noch ergänzend qualitati-
ve Faktoren veröffentlicht wie der Stand von Bildung
und Gesundheit – ohne dass diese den Stellenwert des
Bruttoinlandsprodukts infrage stellen.

Industriegesellschaft Erde
Während das Wirtschaftswachstum in den reichen
Industrieländern immerhin hinterfragt wird, macht
es weltweit Schule. Das Zauberwort »Globalisierung«
meint nichts anderes, als dass nahezu die ganze Welt
auf den Zug des industriellen Turbokapitalismus auf-
gesprungen ist, den der reiche Norden vorlebt. Chinesen, Inder, Indonesier, Brasilianer, Mexikaner – sie alle wollen so leben, so produzieren, so viel Energie ver-

brauchen, so viel Auto fahren wie Amerikaner, Europäer und Japaner. Und sie haben so lange ein Recht
darauf, wie sich Amerikaner, Europäer und Japaner
dieses Recht nehmen. So entstehen überall auf der
Welt Industriekomplexe, Fabriken, Intensivfarmen,
werden Kohlekraftwerke und Atomanlagen gebaut
und geplant. Auch die deutsche Wirtschaft ist dabei.
So freut sich Dieter Zetsche, Vorstandschef von Daim-
ler, über die hohen Absatzzahlen in China, Brasilien
und der Türkei im ersten Halbjahr 2013. Konkurrent
Volkswagen will in China in den nächsten Jahren fünf
Autowerke bauen. Was betriebswirtschaftlich ver-
ständlich ist, wird volkswirtschaftlich und ökologisch
zum Problem: Wenn in einigen Jahrzehnten die Autodichte Chinas der Autodichte in Deutschland ähnelt,
dann werden dort 700 Millionen Fahrzeuge fahren –
mehr, als es heute weltweit gibt.

Ohne Zweifel schafft diese Industrialisierung Gewinner. In China, Indien und Brasilien haben sich kleine Mittelschichten gebildet. Nach dem UN-Bericht zur
menschlichen Entwicklung aus dem Jahr 2013 wird es
bis zum Jahr 2025 zusätzlich eine Milliarde Haushalte
weltweit mit einem Jahreseinkommen von 20 000 US-
Dollar geben. Die Vereinten Nationen lassen jedoch
auch keinen Zweifel daran, dass das wichtigste soziale
Problem weltweit noch immer ungelöst ist: Mehr als eine Milliarde Menschen leben von 1,25 Dollar am Tag.

Dafür wird dieser globale Industrialisierungswahn teuer erkauft: Ressourcen werden geplündert, Meere verseucht, Regenwälder abgeholzt und Risikotechnologien eingesetzt – oft ohne Rücksicht auf die lokalen Einwohner oder auf die Natur. Im Gegenteil: Landraub gehört inzwischen zu den Geldanlage-Strategien.

Diese Strategie wird immer mehr endliche Ressourcen aufzehren, sie werden knapper und teurer, das Klima wird wärmer – es drohen Kriege um Ressourcen. »Die Erde hat genug für jedermann, aber nicht für jedermanns Gier«, sagte einst Mahatma Gandhi.

Der Traum vom Mehr mit weniger
Trotz alledem denkt kaum jemand unter den verantwortlichen Politikern wirklich über radikale Veränderungen nach. Im Gegenteil: Sie sonnen sich unter deutschen Exporterfolgen. Die einzige Alternative, die breiter diskutiert wird, lautet: mehr Effizienz – der Traum von einem höheren Lebensstandard mit weniger Ressourcen.

Diese Strategie ist nicht falsch. Je weniger Energie Kühlschränke, Laptops, Waschmaschinen und je weniger Sprit Autos und Flugzeuge verbrauchen, desto besser. Insgesamt ist diese Strategie jedoch von beschränktem Nutzen. »Schuld daran ist der sogenannte Rebound-Effekt«, sagt der christdemokratische Bundestagsabgeordnete Mathias Zimmer – er war stellvertretender Leiter der Enquetekommission. Das heißt konkret: Der Stromverbrauch ging in den vergangenen Jahren nicht zurück, obwohl die Geräte immer sparsamer wurden. Denn statt zu sparen, nutzen die Menschen mehr Geräte. Wer ein spritsparendes Auto besitzt, fährt oft mehr. Allzu oft schlägt Wachstum die Einsparung. Diese Strategie tendiert zum Selbstbetrug einer Gesellschaft, die Wachstum nicht lassen kann und will – und deshalb mit aller Vehemenz versucht, das Problem mit der Quadratur des Kreises – mehr kaufen, mehr produzieren, weniger verbrauchen – zu lösen.

Mehr Effizienz kann die Lage entspannen. Doch Auswege aus dem Wachstumsdilemma liefern nur die Antworten auf zwei Fragen: Wie und in welchem Zeitraum können die industrialisierten Länder ihren Verbrauch an endlichen Ressourcen durchgreifend verringern, also zumindest halbieren oder sogar auf ein Drittel reduzieren? Und: Wie können die ärmeren Länder ihre wirtschaftliche und soziale Entwicklung forcieren, ohne die Welt zu zerstören?

Exkurs: Anpassungsdruck gegen Leidensdruck – Warum Veränderungen so schwierig sind

Warum tun wir angesichts dieser Bedrohungen nicht, was wir wissen, und verändern unsere Art zu wirtschaften und zu leben? Zweifelsohne gibt es Gegenwehr, Proteste, Demonstrationen in den verschiedensten Ländern, auch in Deutschland. Doch die überwiegende Mehrheit der Menschen in den reichen Industriestaaten lebt in einem Zwiespalt: Sie bewertet die Vorteile oder den Kampf um Vorteile im gegenwärtigen System höher als das Engagement gegen die Gefahren der Zukunft. Aus diesem Grund tut sie alles, um an diesen Vorteilen teilzuhaben – und vielen gelingt dies.

So haben viele Menschen nicht den Leidensdruck, den Philosophen wie der marxistisch geprägte Oskar Negt als Voraussetzung für grundlegende Veränderungen sehen. Denn: »Nicht nur die Privilegierten, sondern auch die Kritiker der Verhältnisse sind Teil des Systems, das sie kritisieren – auch sie profitieren von ihm.« Und weil dies so ist, haben sie Angst: Angst um den Job, Angst vor Absturz, Angst vor den Konkurrenten. In dem Augenblick, in dem die Angst größer ist als das Leiden, reagieren Menschen konservativ. Sie versuchen, für sich zu retten, was zu retten ist. Sie passen sich an, um einen Platz im System der Privilegierten zu erhalten oder zu ergattern – und schwim-

35

men nicht gegen den Strom. Dagegen stehen zwar jene, die wenig Chancen am Arbeitsmarkt haben und zu wenig Geld verdienen, um gut leben zu können. Doch sie treibt weniger der Widerstand gegen das System um als der Versuch, ihre Position im System zu verbessern. Gelingt dies auf Dauer nicht, ziehen sie sich resigniert zurück.

Längst hat das marktradikale Denken auch Besitz von ganz normalen Bürgern ergriffen. Kaum jemand würde sich zwar offen als »Homo oeconomicus« bezeichnen, als Mensch, der nur seinen Nutzen maximiert. Doch auch für den Marxisten Oskar Negt ist der Kapitalismus »zum anthropologischen Bestandteil des Menschen geworden. Der Besitzindividualismus hat den Menschen in seinen Bann gezogen«.

Und noch mehr: Im Kapitalismus glauben die Menschen, ihre Gier mehre letztlich das Wohl aller. »Das Wachstum als Wert ist längst in unsere Mentalität eingegangen«, stellt der Sozialpsychologe Harald Welzer fest. Der wachsende Druck von außen, auch mit sich selbst und dem eigenen Leben »ökonomisch umzugehen«, sei unbemerkt zum Selbstzwang geworden. Die Vorstellung von »unendlichem Wachstum« gelte auch als Maßgabe für die eigene Biografie. Welzer beschreibt das mit den Worten: »In diesem System ist nichts jemals fertig, die Arbeit hört niemals auf.« Der Wachstumszwang hat sich in die Menschen verlagert.

Ohnmacht, Verzweiflung oder Hoffnung

Zu all dem kommen noch Gefühle der Ohnmacht. Speziell in wirtschaftlichen oder finanzpolitischen Fragen wähnen sich die Menschen komplexen Zusammenhängen gegenüber, die sie nicht zu durchschauen glauben. Dazu kritisieren viele das Dickicht von undurchsichtigen Machtverhältnissen in der Politik, das den eigenen Einfluss auf Entscheidungen so gut wie aussichtslos erscheinen lässt. Zumal die wirtschaftlich Mächtigen gut organisiert sind – und die Politik mit ihren Lobbys augenscheinlich beherrschen. Vor diesem Hintergrund zeigt sich eine doppelte Blockade: Viele Menschen befürchten bei Veränderungen mehr Nachteile als Vorteile und glauben nicht, dass sie gegen das vermeintliche Kartell aus politisch und wirtschaftlich Mächtigen etwas bewirken können.

Bleibt also für jene, die Veränderungen anstreben, nur noch nackte Verzweiflung? Die Antwort lautet: Nein. Denn bei aller Lethargie und Resignation geschieht etwas – in Deutschland und weltweit. Auch wenn die Mehrheit nicht gegen den Strom schwimmt, so wachsen doch ihre Zweifel an der Entwicklung. Scheinbar unauffällige Menschen stellen grundlegende, kritische Fragen. Dadurch wird der Nährboden für Veränderungen größer. Und dazu kommt: Es gibt bereits Politiker, Banker, Betriebsräte, Verbraucher und Initiativen, die sich in ihrem Leben und ihrer Arbeit nicht mehr den Gesetzen des rein an Kosten, Nutzen und Rendite orientierten Kapitalismus unterwerfen. Sie versuchen bereits heute, Alternativen für morgen zu leben. Es lohnt sich, ihren Spuren zu folgen.

Zukunft statt Zocken: Gelebte Alternativen

In einer Zeit, in der es keinen umfassenden Gegen-
entwurf zum globalen Finanzkapitalismus gibt, setzen
kritische Bürger auf überschaubare Modelle – im Betrieb, vor Ort, in einer Region, in einem Land. Dort versuchen sie jene Ideale in die Praxis umzusetzen, die
sie von der globalen Wirtschaft erwarten: Sie wollen
so produzieren und kaufen, dass Ressourcen ge-
schont werden; sie wollen möglichst viele Menschen
an den Entscheidungen und am wirtschaftlichen
Reichtum beteiligen. Und sie wollen eine Ökonomie,
die den Menschen dient und die Umwelt schützt.

Die Alternativen beginnen oft mit Schwierigkeiten,
haben eine lange Anlaufzeit, erfordern Kompromisse,
sind nicht immer perfekt (wie alles, was Menschen
tun). Und doch überrascht, wie erfolgreich die eigenen Ideale meist umgesetzt werden. Dies macht Mut.
Denn es zeigt, dass es zweifelsohne Alternativen zur
Alternativlosigkeit gibt.

Städte kaufen ökofair: Neuss, Potsdam und Co.

Es ist noch keine zehn Jahre her, seit ich eine
50 000-Einwohner-Stadt besuchte, die gerade ihr
blaues Wunder erlebt hatte. Soeben hatten Journalisten enthüllt, dass die Pflastersteine auf dem neuen
Marktplatz nur deshalb so günstig gewesen waren,
weil sie von Kinderhänden in einem vietnamesischen

Steinbruch geschlagen worden waren. Und diese Stadt war beileibe kein Einzelfall.

Inzwischen würden solche Pflastersteine in rund 250 deutschen Kommunen nicht mehr angeschafft. Diese binden ihre Bestellungen an die Kernarbeitsnormen der Internationalen Arbeitsorganisation (ILO), die auf vier Grundprinzipien beruhen: Vereinigungsfreiheit und Recht auf Kollektivverhandlungen, Beseitigung der Zwangsarbeit, Abschaffung der Kinderarbeit sowie Verbot der Diskriminierung in Beschäftigung und Beruf.

Bis sich diese Kommunen jedoch zu einer ökofairen Beschaffung entschlossen, war viel Pionierarbeit notwendig. Den Anfang machte die Stadt Potsdam, die 1999 als erste deutsche Kommune verfügte, keine Produkte mehr aus Kinderarbeit einzusetzen. Die Stadt Neuss in Nordrhein-Westfalen ging dann noch einen Schritt weiter. Dort war auf Sitzungen im Rathaus schon seit 1991 fairer Kaffee ausgeschenkt worden. Bald kaufte die Stadtverwaltung auch faire Schokolade und fair gehandelte Fußbälle. Im Jahre 2006 machten die Verantwortlichen der 150 000-Einwohner-Stadt dann Nägel mit Köpfen. Einstimmig beschloss der Stadtrat, künftig nur noch Produkte zu berücksichtigen, die zumindest unter Einhaltung der Kernarbeitsnormen der Internationalen Arbeitsorganisation hergestellt wurden. Dabei stellte die Leiterin des Umweltamtes der Stadt, Dagmar Vogt-Sädler, fest, »dass die Produkte nicht teurer würden, wenn Sozialstandards beachtet werden«. Denn: »Der Anteil der Arbeitskosten am Verkaufspreis liegt ja nur bei ein bis zwei Prozent.«

Düsseldorf beschreitet den gleichen Weg. Es begann mit einem Projekt der Städtischen Feuerwehr, sagt Ladislaw Ceki vom Düsseldorfer Eine-Welt-Forum. »Dort waren die Verträge mit den Lieferanten der Berufsbekleidung zufällig gerade ausgelaufen.« Dann beschloss der Düsseldorfer Stadtrat, dass die neuen Textilien den Kernnormen der ILO entsprechen sollten. »Wir waren überrascht, wie einfach das in der Praxis ging«, so Ceki. »Wir fanden genügend Anbieter, die bereit waren, die Einhaltung der geforderten Standards zu garantieren.« Inzwischen hat der Düsseldorfer Stadtrat die Beschaffung komplett auf diese Normen umgestellt.

Das Erstaunliche an diesen Initiativen war der Mut der Verantwortlichen, denn sie arbeiteten damals in einer rechtlichen Grauzone. »Das deutsche Vergaberecht für öffentliche Aufträge verpflichtet die Kommunen in erster Linie zu sparsamem und wirtschaftlichem Einkauf. Die Einhaltung von Umwelt- und Sozialstandards gilt als vergabefernes Kriterium«, schrieb die Journalistin Claudia Mende 2007 in *Publik-Forum*. Doch inzwischen hat sich dies geändert –

dank einer Initiative der Europäischen Union. In einer Richtlinie hatte sie die Städte bereits 2004 aufgefordert, ihr Vergaberecht zu überarbeiten und soziale wie ökologische Kriterien bei der Vergabe zu ermöglichen. Die Richtlinie wurde inzwischen in deutsches Recht umgesetzt.

Deshalb folgen inzwischen mehr als 250 Kommunen den Beispielen aus Potsdam, München, Neuss und Düsseldorf. Das ist zwar nur eine kleine Minderheit der insgesamt rund 11 000 Kommunen. Aber das Engagement dieser Pioniere zieht immer weitere Kreise. Die ökofaire Beschaffung in Kommunen ist zu einer breiten Bewegung geworden, der sich immer mehr Städte und Landkreise anschließen. Und es ist eine Bewegung mit großem Potenzial: Jahr für Jahr kaufen die 11 000 Kommunen für rund 360 Milliarden Euro ein – eine riesige Nachfrage nach mehr Gerechtigkeit und Umweltschutz.

Geld für Menschen: Die GLS-Gemeinschaftsbank

Die Finanzkrise hat gezeigt, dass wir andere Banken brauchen. Doch das Gute ist: Es gibt bereits welche. Sie heißen GLS-Gemeinschaftsbank, Umweltbank, Ethikbank oder Triodos Bank. Bei allen Unterschieden haben sie eines gemeinsam: Ihr Geschäft sind nicht spekulative Anlagen, sondern die Finanzierung sinnvoller und kreativer Projekte. »Ein Banker ist ein Möglichmacher«, sagte mir einmal Thomas Jorberg, seit mehr als zwanzig Jahren Vorstand der GLS-Gemeinschaftsbank. »Wir bringen das Geld, das Leute zeitweise übrig haben, dorthin, wo es gebraucht wird, um damit Sinnvolles zu gestalten.«

Die GLS-Gemeinschaftsbank wurde 1974 von Anthroposophen gegründet. Der anthroposophische Geist steckt noch immer hinter der Bank, wenngleich der Denkansatz inzwischen viel breiter geworden ist. Obwohl sie Girokonten und Sparmöglichkeiten bietet wie jede Bank, unterscheidet sie sich grundlegend von anderen Geldinstituten. Sie hält sich von spekulativen Anlagen völlig fern. Während andere Kreditinstitute selbst darüber entscheiden, wo sie die Ersparnisse ihrer Kunden investieren, werden die Sparer der GLS-Bank von einer Frage der Banker überrascht: »Wo dürfen wir denn Ihr Geld investieren? In die biologische Landwirtschaft, in erneuerbare Energieträger, in Schulen und Kindergärten, in Wohnprojekte für ältere Menschen, in Obdachlosenprojekte, in die Energiewende oder in anderen ausgewählten Projekten?« Alle drei Monate erfahren die Kunden aus der Zeitschrift *Bankspiegel*, wer einen Kredit in welcher Höhe bekommen hat. Auf diese Weise können Kunden mitverfolgen, was ihr Geld fördert. Die Anonymität des konventionellen Bankensystems ist der

GLS fremd. Da die Bank keinen Cent spekulativ investiert, sondern immer in konkrete Projekte, »haben wir in der Finanzkrise keinen Cent verloren«, sagt Thomas Jorberg.

Obwohl die Bank ihren Genossenschaftsmitgliedern 2013 zum ersten Mal eine geringe Rendite ausgezahlt hat, lehnt Jorberg im Umgang mit Geld höchstmögliche Gewinne als Ziel ab. »Wir wissen doch inzwischen, welche Schäden Gewinnmaximierung im Geldwesen in der realen Wirtschaft anrichten kann.« Und er bedauert im gleichen Atemzug, dass das Renditedenken bereits wieder die Branche zu bestimmen droht.

Die GLS-Bank will sich von diesem Virus nicht anstecken lassen. Sie versucht auch mit ihren Beschäftigten gerecht umzugehen. Die geringer Entlohnten unter den mehr als 400 Angestellten erhalten mehr als im Branchendurchschnitt. Die beiden Vorstandsmitglieder verdienen mit rund 200 000 Euro pro Jahr zwar gut, aber deutlich weniger als Vorstände anderer Banken. Zudem bietet die Bank ihren Beschäftigten eine Reihe verschiedener Arbeitszeitmodelle, die Sabbatjahre und spezielle Regelungen für Familien einschließen.

Mit dieser Strategie ist die Bank ungeheuer erfolgreich. Allein im Jahre 2012 ist die Bilanzsumme um rund zwanzig Prozent auf 2,7 Milliarden Euro gestiegen – in den Jahren zuvor war sie jährlich um zwanzig bis dreißig Prozent gewachsen. Inzwischen zählt die Bank fast 150 000 Kunden. Diese Entwicklung zeigt, dass Banken mit Geld auch anders erfolgreich umgehen können als mit dem Ziel der höchstmöglichen Rendite und zum Zweck der Spekulation. Und dies gilt auch international. Denn die GLS-Bank gehört mit 14 weiteren Alternativbanken aus unterschiedlichen Ländern zur Global Alliance for Banking on Values (GABV). Dieser Zusammenschluss von 15 Nachhaltigkeitsbanken ließ sich von 2007 bis 2010 mit den 29 größten, angeblich systemrelevanten Banken vergleichen. Und siehe da: Die nachhaltigen Banken gaben im Schnitt siebzig Prozent ihrer Bilanzsumme in Form von Krediten aus, die konventionellen Institute nur 28 Prozent. Das heißt: Banken, die Kreativität fördern und nicht Spekulation und Gewinnmaximierung, sind durchaus erfolgreich.

Ökologisch und gerecht: Basler Stromabgabe

Steuern und Abgaben auf knappe Ressourcen zählen zu den wichtigsten Strategien, um Verbraucher zu einem sparsamen Umgang mit endlichen Rohstoffen und Energie zu bewegen. Denn: Was teuer ist, wird eingespart. Allerdings haben diese Strategien einen großen Nachteil: Sie erhöhen die Kosten der Betriebe und treffen bestimmte Bevölkerungsgruppen besonders hart, zum Beispiel Kinderreiche und Geringverdiener. Es sei denn, sie leben im Schweizer Kanton Basel-Stadt.

Dort beschloss das Kantonsparlament am 9. September 1998 eine Abgabe auf den Stromverbrauch. Sie verteuert den Stromverbrauch um zwanzig Prozent, wobei energieintensive Unternehmen eine geringere Abgabe bezahlen. Der Trick bei dieser Abgabe ist jedoch ihre Verwendung: Sie wird nämlich wieder an die Basler Bürgerinnen und Bürger und an die Unternehmen ausbezahlt. Immer Mitte des folgenden Jahres erhalten alle Basler Bürger, vom Baby bis zum Greis, den gleichen Betrag pro Kopf aus den Einnahmen aus der Stromabgabe, den Unternehmen wird ihr Anteil als Prozentsatz ihrer Lohnsumme erstattet. Die Rückerstattung erfolgt mit geringem Verwaltungsaufwand, der über die Verzinsung der Einnahmen finanziert wird.

Erst nehmen, dann geben – was soll das?, ist man versucht zu fragen. Die Antwort liefern die Basler selbst. Sie haben die Botschaft der Rückerstattung über den gleichen Kopfbetrag für alle gut verstanden: Wer wenig Strom verbraucht, zahlt weniger Abgabe, erhält aber gleich viel zurück wie sein verschwenderischer Nachbar. Das heißt: Die Rückzahlung ist eine Art von Ökobonus für jene Bürger und Unternehmen, die Strom einsparen.

Und dies tun sie. Für Christoph Brutschin, Regierungsrat der Stadt Basel, ist diese Lenkungsabgabe mit Ökobonus dafür verantwortlich, dass der Stromverbrauch im energieintensiven Kanton Basel-Stadt seit Jahren eher fällt, während er in der Schweiz steigt. Im Jahre 2010 zum Beispiel nahm der Stromverbrauch in Basel-Stadt um 1,1 Prozent ab, während er in der Gesamtschweiz um etwa 4 Prozent anstieg.

Um diesen Effekt zu verstärken, fordert Burtschin die mutige Einführung einer Lenkungsabgabe auf den Stromverbrauch für die ganze Schweiz – und die Übernahme des Ökobonus. Nach Berechnungen des Regierungsrates brächte eine Verteuerung des Stromverbrauchs um 100 Prozent jeder Bürgerin, jedem Bürger einen Ökobonus von umgerechnet 400 Euro im Jahr, der umso mehr zählen würde, je weniger Strom ein Bürger verbraucht. Der Stromverbrauch würde dann drastisch sinken – ohne dass die sozial Schwächeren und die Unternehmen besonders zur Kasse gebeten würden. Das zeigt: Gerechtigkeit und Umweltschutz müssen keine Widersprüche sein.

Wirtschaft für alle: Genossenschaften boomen

Es ist Mitte Juli 2013. Ernst Bräutigam und Armin Schärtl informieren stolz über den geplanten Solarpark in der Oberpfalz. Es ist das größte Projekt, das die beiden Vorstände der Bürgerenergiegenossenschaft Mittlere Oberpfalz bisher angepackt haben. Für rund 2,6 Millionen Euro entsteht eine Freiflächenfotovoltaikanlage. Geschafft hat die Genossenschaft dies mithilfe der Sparkasse und der Raiffeisenbank, aber auch mithilfe von 270 Mitgliedern ihrer Genossenschaft, die 700 000 Euro aufgebracht haben. Die Initiative in Nordbayern ist kein Einzelfall. Landauf, landab gründen Bürger Genossenschaften. Und nehmen ihre wirtschaftliche Zukunft damit selbst in die Hand.

Mehr als 600 Bürgerenergiegenossenschaften wurden in den vergangenen Jahren in Deutschland gegründet. Tendenz steigend. Noch sind es vor allem Initiativen in ländlichen Regionen. Doch jetzt kommen auch Großstadtbürger hinzu. Die neugegründete Genossenschaft Bürger Energie Berlin will das Stromnetz der Hauptstadt kaufen.

Der Gründungsboom bei Genossenschaften geht jedoch weit über den Energiebereich hinaus: In wenigen Jahren sind zahlreiche genossenschaftliche Dorfläden entstanden, nachdem die letzten Lebensmittelläden geschlossen hatten. Darüber hinaus gründen Bürger Softwaregenossenschaften, Seniorenstifte, Wasserversorgungsunternehmen, retten Hallenbäder, Zuglinien oder finanzieren das Stadiondach für den Fußballverein. »Pro Jahr kommen in Deutschland derzeit

49

200 bis 250 neugegründete Genossenschaften hinzu, zehnmal so viel wie noch vor sechs Jahren«, sagt Andreas Wiege vom Deutschen Genossenschafts- und Raiffeisenverband.

Dabei schien die Genossenschaftsidee lange tot. Volks- und Raiffeisenbanken arbeiteten wie andere Banken, die Wohnungsbaugenossenschaftsbanken galten als unmodern. Viele Jahre lang gab es so gut wie keine Neugründungen.

Doch der globale Finanzkapitalismus führte vielen Bürgern vor Augen, dass die Wirtschaft großen Schaden erleidet, wenn sie vor allem von großen Konzernen bestimmt wird. So wurde eine gute alte Idee wiederbelebt. Als Finanzinvestoren wie Fortress in Deutschland städtische Wohnungen aufkauften, gingen auch konservative Wohnungsbaugenossenschaften in die Offensive: »Mit uns gegen die Heuschrecken«, hieß es auf Versammlungen. Inzwischen gründen Bürger in großen Städten wie Berlin neue Wohnungsbaugenossenschaften, um die spekulativen Steigerungen der Immobilienpreise zu verhindern.

Auch bei Unternehmenspleiten steht schnell die Genossenschaftslösung im Raum. So versuchten Hunderte Bürger den Ökotextilproduzenten Hess Natur durch eine Genossenschaft zu übernehmen, bevor der Eigentümer ihn doch an einen Finanzinvestor verkaufte. Leider.

Natürlich garantiert eine Genossenschaft noch keinen ökonomischen Erfolg. Auch und gerade dort ist hohe ökonomische Kompetenz erforderlich. Dass mehr Bürger dennoch bereit sind, gemeinsam Strom zu erzeugen, Häuser zu bauen, Banken zu besitzen, ja sogar Unternehmen zu retten, zeigt: Sie suchen nicht nur Alternativen zum herrschenden Wirtschaften, sie packen gleich selbst mit an. Das eröffnet die große Chance zum Einstieg in eine solidarische Ökonomie, in der die Bürgerinnen und Bürger auch über ihr wirtschaftliches Umfeld selbst bestimmen.

Belegschaft übernimmt: Flachglas Wernberg GmbH

Als ich Richard Thaller zum ersten Mal traf, wirkte er sehr aufgeräumt. Doch seine Verzweiflung war keineswegs gespielt, als mir der Betriebsratsvorsitzende der Flachglas Wernberg GmbH in der Oberpfalz seinen Gemütszustand aus dem Jahre 1998 schilderte. Gerade hatte die britische Pilkington AG dem mittelständischen Glasveredler aus der Oberpfalz mitgeteilt, dass sich der englische Konzern von allen Standorten in Deutschland trennen wollte. Nun befürchteten Thaller und die Geschäftsführung, dass ein deutscher Konzern die Filiale in Wernberg übernehmen, hohe Umsatzrenditen von 15 Prozent vorgeben und dann viele der rund 650 Beschäftigten entlassen würde.

Nach vielen schlaflosen Nächten fällten Richard Thaller und der damalige Geschäftsführer Reinhold Herrmann eine denkwürdige Entscheidung: Wenn wir schon verkauft werden sollen, dann kaufen wir uns doch gleich selbst. Sie hatten lange mit Experten der IG Metall und mit Unternehmensberatern diskutiert – und alle Berater hatten ihnen bestätigt: Für qualitativ hochwertiges Edelglas gibt es einen Markt. Also beschlossen sie, dass die Belegschaft das Unternehmen kaufen solle.

Doch das erwies sich als schwieriger als gedacht. Örtliche Banken wollten zunächst keine Kredite gewähren, weil sie Sicherheiten vermissten. Die Bayerische Staatsregierung gewährte keine Bürgschaft. Mit letzter Kraft und zusätzlichen Garantien aus künftigem Weihnachtsgeld und Lohnerhöhungen schaffte die Belegschaft es dann doch: Am 1. Januar 1999 übernahm sie 51 Prozent des Kapitals – und bestimmt seither maßgeblich die Geschäftsführung.

Richard Thaller, inzwischen in Rente, sieht in diesem »Belegschafts-Buy-out«, wie die Übernahme eines Betriebes durch die Beschäftigten fachlich heißt, einen großen Erfolg. In jeder Hinsicht. Denn der Betriebsrat und die Arbeitnehmer hatten sich damals zwei Ziele gesetzt: die Wettbewerbsfähigkeit sichern und gleichzeitig dafür sorgen, dass die Sicherung der Arbeitsplätze und humane Arbeitsbedingungen Vorrang haben vor der Rendite.

Wer das Unternehmen heute besucht, kann sagen: Trotz harter internationaler Konkurrenz um den Markt für Spezialglas wurden diese Ziele erreicht und bewahrt. Ende Dezember 2012 hat das Unternehmen 601 Beschäftigte, darunter 61 Auszubildende. Man spürt: Glasveredelung ist harte Arbeit. Und doch erlebt man in diesem Unternehmen noch immer den Stolz, dass man sich nicht hat verkaufen lassen. Deshalb kommt zur harten Arbeit auch viel soziales Engagement hinzu. Nicht umsonst gewann das Unternehmen 2011 den Präventionspreis für Gesundheitsschutz – gute Arbeitsbedingungen sind den Beschäftigten heilig. Hier zeigt sich, dass bei Flachglas Wernberg nicht der maximale Gewinn, sondern der maximale Schutz der Beschäftigten Vorrang genießt.

Patientenglück: Österreichs Bürgerversicherung

Europas glücklichste Patienten leben zwischen Bodensee und Neusiedler See. Genau 88 Prozent aller Österreicher sind mit ihrem Gesundheitssystem zufrieden. Im Durchschnitt der Europäischen Union gilt das gerade mal für vierzig Prozent aller Bürger. In

Deutschland äußern sich zwar auch drei Viertel aller Patienten positiv über die medizinische Versorgung. Etwa gleich viel halten das Gesundheitssystem aber für zu teuer. Da könnte die deutsche Gesundheitspolitik von ihren südlichen Nachbarn lernen.

Eigentlich ist das österreichische Gesundheitswesen ähnlich organisiert wie das deutsche, nur konsequenter. Praktisch alle Österreicher – egal ob Arbeiter, Angestellte, Beamte oder Selbstständige – sind Mitglied bei einer von 24 gesetzlichen Versicherungsanstalten, die regional oder beruflich organisiert sind. Privatversicherungen gibt es nur für Zusatzleistungen.

Da alle Bürger nur wenigen Versicherungen angehören und Besserverdienende nicht in Privatversicherungen ausweichen können, sind die Beiträge für abhängig Beschäftigte nur halb so hoch wie in Deutschland: Sie liegen derzeit bei 7,65 Prozent für Arbeitgeber und Arbeitnehmer zusammen. Rentner zahlen 5,10 Prozent von ihrer Rente, Selbstständige rund 9 Prozent von ihrem zu versteuernden Einkommen. Nicht erwerbstätige Familienmitglieder sind immer mitversichert. Die Deutschen sind dagegen mit über 15,5 Prozent dabei, dazu kommen für manche noch Zusatzbeiträge.

Entsprechend höher sind die Nettolöhne für die Beschäftigten, die Nettorenten für die Älteren, und entsprechend geringer sind die Lohnnebenkosten für die Unternehmen. Und all dies bei mindestens gleich guten, wenn nicht sogar besseren medizinischen Leistungen. Laut einer Studie des Health Consumer Powerhouse, eines renommierten schwedischen Beratungsteams von Gesundheitsexperten mit einem Büro in Brüssel, hat Österreich das »patientenfreundlichste Gesundheitssystem in Europa«. Ausschlaggebend dafür seien die kurzen Wartezeiten bei Arztbesuchen und akuten Operationen, der direkte Zugang zu Ärzten (ein Besuch beim Hausarzt ist immer am gleichen Tag möglich) und sehr gute Behandlungsergebnisse.

Klar: Auch in Österreich gibt es Klagen. So zahlen die Arbeitnehmer mit 3,82 bis 3,95 Prozent leicht höhere Beitragsanteile als die Arbeitgeber. Bei einigen Behandlungen und Medikamenten gibt es private Zuzahlungen und Selbstbehalte. »Das österreichische Gesundheitssystem zählt zu den besten der Welt«, sagt die Gesundheitsexpertin Karin Eger, und sieht dennoch Schwächen. Doch diese lägen nicht im Bereich der Finanzierung, sondern in der fehlenden Effizienz und in der mangelnden Vernetzung der verschiedenen Dienstleister.

Obwohl nicht alles Gold ist, was glänzt, könnte Deutschland von Österreich lernen: Das Nachbarland leistet sich in der medizinischen Grundversorgung kein Zweiklassensystem, ein gesetzliches und ein privates. Niemand kann sich ab einem bestimmten Einkommen privat versichern (in Deutschland geht dies 2013 ab 4430 Euro monatlich) und wird dann noch – wie in Deutschland – bei der grundlegenden Behandlung bevorzugt.

Selbst wenn Systeme anderer Länder nicht eins zu eins auf Deutschland übertragbar sind, so lässt sich doch unschwer schlussfolgern: Der Umbau der deutschen Krankenversicherung nach den Prinzipien der Bürgerversicherung in Österreich würde hierzulande zu sinkenden Beiträgen für Krankenversicherungen führen.

Handy ohne Blut: Das erste Fairphone

Fairtrade kennt man von Kaffee oder Tee. Bei Kleidung ist es mit Fairtrade schon viel schwieriger. Und bei technischen Geräten war das Siegel lange Zeit überhaupt nicht gefragt. Doch seit Juli 2013 bietet eine niederländische Firma ein faires Smartphone an. Die Nachfrage in den ersten Wochen war riesig.

»Jedes noch so kleine Handy enthält viele große Probleme der Welt«, sagt Bas van Abel. Und verweist zum Beispiel auf bis zu dreißig Metalle, die in jedem Mobiltelefon stecken: Gold, Kobalt Zinn, Coltan, Kobalt – viele dieser Rohstoffe kommen aus Afrika. Sie werden oft unter unmenschlichen Bedingungen für Mensch und Natur gefördert. Ihre Erlöse finanzieren nicht selten Bürgerkriege. Dann werden sie nach Asien transportiert, wo unter ebenfalls schlechten Arbeitsbedingungen Handys gefertigt werden. Zu allem Überfluss werden die wertvollen Rohstoffe in Deutschland nur selten wiederverwertet, sondern einfach weggeworfen.

Deshalb hat Bas van Abel, der Chefdesigner der niederländischen Stiftung Waag Society für die Kampagne »Fairphone« ein Smartphone entwickelt, das Lösungen für diese Probleme sucht. Angeboten wird ein Android-Handy. Dabei verspricht das Unternehmen, die chinesische Zulieferfirma werde existenzsichernde Löhne zahlen, das verwendete Tantal stamme aus einer zertifizierten Mine in der Demokratischen Republik Kongo. Die Einnahmen aus dieser Mine sollen keinen Bürgerkrieg finanzieren. Zudem wird bei der Produktion des Handys besonders auf Haltbarkeit geachtet. Die Firma will Ersatzteile vorhalten, das Plastikgehäuse besteht aus recyceltem Kunststoff – das Fairphone ist reparierbar.

Die alternativen Handy-Produzenten räumen durchaus die Schwierigkeit ein, für bestimmte Rohstoffe überhaupt faire Lieferketten garantieren zu können. Dennoch bescheinigen ihnen Experten dabei große Fortschritte. »Sie zeigen, dass es möglich ist, die

Lieferketten unter Kontrolle zu bekommen«, sagt Friedel Hütz-Adams, Fairhandelsexperte des ökumenischen Instituts Südwind. »Dazu sind sie in den Kongo gereist und haben besser funktionierende Minen gesucht. Man wollte bewusst nicht den einfachen Weg gehen und die Rohstoffe aus anderen Staaten beziehen.«

»Konsumieren ist ein politischer Akt«, sagt Bas van Abel und hofft nun, dass sich das faire Smartphone durchsetzt. Denn dann wäre der Weg gebahnt für andere fair produzierte und gehandelte technische Geräte.

Die Macht einer regionalen Währung: Palmas

Die Finanzkrise in Europa hinterlässt immer tiefere Spuren: In Zypern sind Handwerk und Handel eingebrochen. In Athen hat jedes vierte Geschäft geschlossen, in Portugal schließen landesweit Betriebe. Die Krisenpolitik der Europäischen Union spart die lokale Wirtschaft in den Krisenländern tot. Da sich die Politik nicht ändert, ist Selbsthilfe gefragt. Wie diese aussehen könnte, zeigt eine lokale Währung in Brasilien.

»Palmas« heißt sie und wird von den mehr als 30 000 Bewohnern des Armenviertels Conjunto Palmeiras in der Millionenstadt Fortaleza im Nordosten des Landes genutzt.

Die Stadtverwaltung und kirchliche Aktivisten hatten Mitte der 1990er-Jahre festgestellt, dass die Menschen in Conjunto Palmeiras immer mehr verarmten. Und wenn die Einwohner doch Geld ausgaben, dann für Waren aus reicheren Teilen Brasiliens oder für ausländische Billigprodukte. Das Geld wanderte aus dem Viertel ab. Händler und Handwerksbetriebe gaben auf.

Dann kamen Joaquim de Melo, der Vertreter des Bischofs in diesem Viertel, und die Stadtverwaltung auf die Idee, die lokale Wirtschaft durch eine regionale Währung zu stützen, die nur in Conjunto Palmeiras gültig sein sollte. Im Jahr 1998 gründete de Melo mit einigen Partnern die Banco Palmas – mit einem Startkapital von umgerechnet 2000 Euro. Bei dieser Bank erhalten die Bewohner des Stadtviertels seither »Palmas« genannte Gutscheine im Umtausch gegen die brasilianische Währung. Und nicht nur dies. Die Kunden der neuen Bank können auch kleine Beträge in Palmas zinsfrei leihen, um Waren zu kaufen, ein kleines Gewerbe aufzubauen oder das eigene zu sanieren. Voraussetzung für einen Kredit für Menschen ohne eigene Bankverbindung ist die Bürgschaft eines Verwandten oder eines Nachbarn. Die Bürger können zudem staatliche Leistungen in Palmas bezahlen. Wer gelegentlich für die Stadtverwaltung arbeitet, kann auch in Palmas entlohnt werden.

Nach Anfangsschwierigkeiten veränderte die neue Währung das Stadtviertel. Da Palmas nur in Conjunto

Palmeiras ausgegeben werden können, bleibt das Geld im Ort. Mehr als 240 Geschäfte akzeptieren inzwischen die neue Währung und gewähren ihren Kunden sogar Preisnachlässe, wenn sie damit bezahlen. Zudem bezahlen viele dieser Geschäfte ihre Rechnungen untereinander auch in Palmas. Die Gemeindebank arbeitet ohne Gewinn, sie deckt lediglich ihre Kosten. Kleinkredite sind nach wie vor zinsfrei, für größere Kredite werden kostendeckende Zinsen erhoben, die aber weit unter denen konventioneller Banken liegen.

Innerhalb von zehn Jahren ist auf diese Weise ein lokales Netz von Konsumenten und Kleinbetrieben in Conjunto Palmeiras entstanden – und dieser Kreislauf hat neue Jobs geschaffen. Dies belegt eine Studie des brasilianischen Arbeitsministeriums. Danach konnte ein Viertel der befragten Bürgerinnen und Bürger sein Einkommen seit der Gründung der Bank steigern, ein Fünftel hat erst nach der Gründung der Bank Arbeit gefunden. Neunzig Prozent sagen, dass sich ihre Lebensqualität durch die Gutscheine mit den Palmen verbessert hat. »Die Palmas bleiben im Viertel. Das heißt: Selbst wenn es draußen kracht, bleibt unser wirtschaftliches und soziales Netz erhalten.«

Nach dem gleichen Muster könnten regionale Währungen auch in Zypern, Griechenland oder Portugal die lokalen Wirtschaftskreisläufe beleben und soziale Netze schaffen, die durch die Euro-Sparpolitik zerstört werden. Auf diese Weise würde das wichtigste Gut der Menschen in der Krise gestärkt: ihre Kraft zur Selbsthilfe.

Stern der Armen: Grundeinkommen in Namibia

Otjivero, ein Dorf mit 1200 Einwohnern im Osten Namibias, umzingelt von Großfarmen mit zumeist deutschsprachigen Besitzern und deshalb völlig isoliert – da hatten sich die Nichtregierungsorganisationen einen eher unwirtlichen Ort ausgesucht, um ein bedingungsloses Grundeinkommen zu erproben. Und dies sogar absichtlich, sagt uns Herbert Jauch, der namibische Sprecher der Koalition, die das Projekt getragen hat: »Wir waren anfangs überzeugt, dass sich da wirtschaftlich nichts entwickeln kann. Das war der Grund, warum wir uns Otjivero für den Versuch ausgesucht haben: Wenn dort etwas passierte, dann funktionierte es überall in Namibia.« Auch wenn manche Beobachter und die Regierung in Namibia dies anders sehen: Für den zuständigen evangelischen Bischof Zephania Kameeta jedenfalls ist dieses Projekt »ein leuchtender Stern für die Armen«.

Was ist geschehen? Zwei Jahre lang erhielten alle 1200 Bewohner des Dorfes Otjivero, die unter sechzig

Jahre und nicht rentenberechtigt waren, ein bedingungsloses Grundeinkommen in Höhe von hundert Namibia-Dollar monatlich. Umgerechnet sind dies etwa zehn Euro. Eine Familie mit zwei Erwachsenen und fünf Kindern erhielt auf diese Weise einen Geldbetrag, der etwa dem durchschnittlichen Lohn für einfache Tätigkeiten entspricht. Für eine Einzelperson reichten die hundert Dollar nur äußerst knapp zum Leben. Initiator des Experiments war eine originelle Koalition: Dazu zählten die Evangelisch-Lutherische Kirche von Namibia, der Gewerkschaftsbund und das Labour Resource and Research Institute. Zuvor hatte die staatliche Steuerbehörde die landesweite Einführung eines bedingungslosen Grundeinkommens als Mittel zur Bekämpfung der Armut empfohlen.

Das Ergebnis dieses Experiments ist durchaus überraschend. Vor der Einführung war fast die Hälfte der Kinder in Otjivero unterernährt. Dieses Problem war nach einem Jahr praktisch verschwunden. Zudem hat sich der Anteil der Kinder, die die Grundschule erfolgreich beenden, auf etwa neunzig Prozent erhöht; vorher waren es nur vierzig Prozent gewesen. Die Wirkung im Gesundheitsbereich zeigt sich daran, dass nach einem Jahr Grundeinkommen viermal so viele Leute die Dienste der öffentlichen Klinik in Otjivero in Anspruch nahmen wie früher.

Hinzu kommt der wirtschaftliche Effekt: Während die meisten Deutschen davon ausgehen, dass Menschen, die Geld bekommen, nichts mehr arbeiten, war dies in Namibia ganz anders. Die zehn Euro haben die Dörfler richtig aufgeweckt. Die geschäftlichen Aktivitäten nahmen rasant zu – vom Brotbacken über einen Kaufladen bis hin zu Reparaturarbeiten aller Art. »Interessant war«, erzählt Jauch, »dass die Farmer, die dem Projekt feindlich gegenüberstanden, die Fortschritte in Otjivero gar nicht abgestritten haben. Zum Beispiel ist die von ihnen beklagte Kriminalität wie Wilderei und Holzdiebstahl laut Polizeistatistik um sechzig Prozent gesunken.«

Gleichzeitig wuchs unter den Bewohnern das Selbstbewusstsein jener, die bisher wenig zu sagen hatten: der Frauen. Sie hatten plötzlich ein eigenes Einkommen und wurden unabhängiger von den Männern. Manche – vor allem jüngere – Männer verkrafteten das Grundeinkommen dagegen anfangs nicht. Sie vertranken es gleich nach Erhalt. Die Verantwortlichen mussten einschreiten: Sie zahlten das Grundeinkommen nur noch wöchentlich aus – außerdem erhielten die Mütter das Geld für alle ihre Kinder. Danach hat sich die Lage beruhigt.

Manche Beobachter kritisierten, dass das Grundeinkommen Zuwanderer anzog. Jauch bestätigt, dass in den zwei Jahren etwa hundert Leute zugezogen seien. Diese hätten jedoch kein Grundeinkommen erhalten.

Fazit: Insgesamt hat sich das Lebensniveau in dem Dorf deutlich verbessert – und der Zusammenhalt auch. Man stelle sich diese Entwicklung in einem afghanischen Dorf vor. Da würden mehr Demokratie und Gerechtigkeit entstehen als jemals durch den Einsatz von Militär.

Bleibt die Frage: Warum ließ die Regierung dieses Modell auslaufen und führte es nicht landesweit ein? Die Antwort von Beobachtern: Weil sie sich nicht traute, die Steuern für Wohlhabende so zu erhöhen, dass dieses Modell finanziert werden könnte.

Der Weg zum Bruttosozialglück: Bhutan

Kann man messen, ob die Menschen in einem Land glücklicher geworden sind? Zumindest ein Land versucht genau dies: Der Himalaya-Staat Bhutan misst Jahr für Jahr das Bruttosozialglück seiner Bürger. Natürlich sind seine Maßstäbe nicht einfach auf Deutschland übertragbar. Doch eine Erkenntnis gilt auch hierzulande: »Eine Gesellschaft kann mehr produzieren und konsumieren. Dennoch können die psychischen Belastungen zunehmen. Mehr Produktion kann die Umwelt zerstören. Wenn die Quantität der Waren und Dienste wächst, kann die Qualität des Lebens und jene der Natur sinken«, das sagt der Ökonom Dasho Karma Ura, der in Bhutan im Auftrag seines Königs das Bruttosozialglück messen und hüten soll.

Jetzt sitzt er mir gegenüber in seinem Berliner Hotelzimmer. Dann erzählt der in Großbritannien ausgebildete Wirtschaftswissenschaftler, wie er in seinem Heimatland Bhutan das Bruttosozialglück tatsächlich messen lässt: Jedes Jahr lässt Karma Ura – so heißt er genau, denn »Dasho« ist ein Ehrentitel, der ihm vom König verliehen wurde – seine Leute ausschwärmen. Sie fragen die Menschen nach ihren Bedürfnissen, nach ihren Wünschen, Ängsten und Gefühlen, aber auch nach ihrer Versorgung mit Waren und Dienstleistungen. Anhand von 72 Indikatoren überprüfen die Forscher des Königs, ob das Bruttosozialglück größer geworden ist. »Wir fragen die Menschen danach, wie sie sich in ihre Gemeinschaften eingebettet fühlen und ob es ihnen möglich ist, ihre Zeit ausgewogen zu verwenden, ob sie zum Beispiel Zeit für Meditationen haben. Dabei fragen wir die Menschen nicht aus, sondern bilanzieren einfach ihre Eindrücke.«

In den letzten Jahren ist Dasho Karma Ura mit den Ergebnissen sehr zufrieden. »Konkret haben wir große Fortschritte erzielt im Bereich Gesundheit und Bildung. Hier sind die Dienstleistungen kostenlos, sie beanspruchen ein Viertel des Staatshaushaltes.« Die

Erfolge sind tatsächlich beeindruckend: 95 Prozent aller Kinder im schulpflichtigen Alter besuchen eine Schule. Dadurch ist die soziale Mobilität gewachsen. Auch aus ärmeren Schichten können sie in die Elite aufsteigen. Gleichzeitig genießen die meisten Bhutaner Sicherheit durch Haus- und Landbesitz, den die Regierung fördert. Was die Gesundheit angeht, so ist Bhutan das erste Land der Welt mit einem Rauchverbot. In der Ernährung dominiert die lokale Bioproduktion. Auch ökologisch steht Bhutan gut da. Rund 72 Prozent des Staatsgebietes sind bewaldet und werden geschützt. Die Stromversorgung beruht auf Wasserkraft, das Land hat eine positive Kohlendioxid-Bilanz: »Wir nehmen mehr Treibhausgase über unsere Wälder auf, als wir an die Umwelt abgeben«, sagt Karma Ura. Bhutan zählt zwar nach wie vor zu den armen Ländern. Doch der materielle Lebensstandard ist gestiegen – auch nach dem traditionellen Maßstab des Bruttoinlandprodukts ist er höher als in den asiatischen Schwellenländern Indien und Indonesien. Dabei ist die Entwicklung in Bhutan deutlich nachhaltiger und sozial ausgeglichener.

Dass auch Bhutan kein Paradies ist, sagt mir Roland Wittur, der lange Zeit Entwicklungshelfer in Bhutan war. Ethnische Minderheiten und Zuwanderer werden in Bhutan benachteiligt, die Menschenrechte werden auch in Bhutan verletzt.

Karma Ura spricht nicht gerne über dieses Thema, doch auch der Glücksforscher des Königs gibt offen zu, dass das Konzept des Bruttosozialglücks immer wieder herausgefordert wird: Zivilisationskrankheiten wie Alkoholismus nehmen auch in Bhutan zu. Die Arbeitslosigkeit liegt bei 8,5 Prozent. Teile der Jugend sind unzufrieden mit den begrenzten Wachstumsmöglichkeiten: Sie wollen Autos und neue Medien. Manche Unternehmen wollen mehr Industrie und mehr Handel mit dem Partner Indien. Den Wachstumsfetischismus gibt es auch in Bhutan.

Dennoch liefert Bhutan den Beweis, dass ein Land durchaus mehr Faktoren von Lebensqualität messen kann als nur die Ausstattung mit bezahlten Waren und Dienstleistungen. Die Glücksforscher in dem Himalaya-Staat registrieren mehr als den materiellen Lebensstandard und kommen deshalb den wirklichen Bedürfnissen der Menschen und ihrem Glück näher. Betrachtet man die soziale und ökologische Entwicklung Bhutans, so genießen die Menschen dort sicherlich eine höhere Lebensqualität als mehrere Milliarden Menschen im Süden und Osten der Welt. Und nicht nur dies: Sie sind wohl auch glücklicher.

Fazit: Die Reise zu gelebten Alternativen

Diese konkreten Utopien sind schön und gut, so könnte man argumentieren, aber es sind doch alles Inseln im Meer des globalen Finanzkapitalismus. Das ist nicht ganz falsch, aber auch nicht ganz richtig. Denn es sind Inseln, die zeigen, dass man gerechter, nachhaltiger, demokratischer wirtschaften kann, wenn dies gewollt wird, und dass engagierte, mutige Menschen dies versuchen – auch gegen den Strom. Sie belegen auf überzeugende Weise, dass es immer Alternativen gibt. Und nicht nur dies: Sie zeigen im Kleinen, was auch im Großen möglich wäre, wenn sich die Politik an solchen Beispielen orientieren würde. »Lang ist der Weg durch Lernen«, sagte einst der römische Dichter und Philosoph Seneca, »kurz und wirklich nur durch Beispiele.«

Exkurs: Wir oder die Politik –
wer verändert die Welt?

Die 68er und viele ihrer linken Nachkommen sind sich einig: Erst wenn es neue Strukturen von Eigentum, Herrschaft und Politik gibt, die den Menschen nicht mehr den Gesetzen des Marktes und den mächtigen Playern von Wirtschaft und Finanzmärkten aussetzen, kann die (Welt-)Wirtschaft gerechter, demokratischer und nachhaltiger werden. Entsprechend konzentrierten und konzentrieren sie sich auf politische Veränderungen. Die 68er wollten durch die Institutionen marschieren, um diese von innen zu verändern. Auch die heutigen Linken fordern deshalb in erster Linie politische Veränderungen.

Doch so einleuchtend diese Logik auch klingt, so enttäuschend sind für viele Beobachter die Ergebnisse. Speziell im wirtschaftlichen Bereich erleben wir seit 25 Jahren eine Offensive des Marktradikalismus, die auch durch die rot-grüne Regierung kaum gebremst wurde. Immer wieder mussten die Wähler feststellen, dass die Menschen durch die Institutionen schneller verändert wurden als die Institutionen durch die Marschierer. Viele Reformversuche prallten und prallen einfach an der Macht des großen Geldes und der konservativen Politiker ab.

Deshalb schlug das Pendel in den letzten Jahren zurück zu den Einzelnen. Erst wenn sich die Menschen verändern – als Verbraucher, als Geldanleger, als Beschäftigte, als politische Bürger –, seien wirklich Veränderungen möglich, hört man seither häufig. In der Tat gibt es dafür Argumente: Was die Menschen nicht kaufen, wird nicht produziert – auch nicht zu Billiglöhnen irgendwo auf der Welt. Was dagegen bewusst gekauft wird, obwohl es teurer ist, wird dann verstärkt produziert, zum Beispiel fair gehandelte Waren. Wenn

Sparer und Anlagefonds bestimmte Investitionen nicht mehr finanzieren, geht ihnen das Geld aus. Was liegt also näher, als auf die Politik zu pfeifen und die Wirtschaft und das Leben einfach von unten zu verändern: durch eigene andere Banken, durch andere Unternehmen, durch eigene Währungen, durch kritischen Konsum und ethische Geldanlagen?

Doch so wichtig gelebte Alternativen sind, so groß ist die Gefahr, dass sie einzelne Nischen für eine kritische Minderheit bleiben, während die große Wirtschaft weitermacht wie zuvor. Denn eine kritische Graswurzel-Bewegung zu begründen und hierfür Institutionen zu schaffen ist die eine Sache; die große Wirtschaft zu verändern – und mit ihr den Lebens- und Wirtschaftsstil der Mehrheit der Bevölkerung – ist eine andere.

Zum anderen stehen einem kritisch-bewussten Konsum große Hindernisse entgegen: die Massenprodukte sind billiger als nachhaltig erzeugte Waren. Zudem fehlt es oft an Alternativen: Wer sein Auto stehen lassen will, braucht Radwege, Busse oder Bahnen. In der anonymen Welt des Geld- und Weltmarktes können die Einzelnen die Folgen ihrer Kauf- und Anlageentscheidungen nicht abschätzen. Und grundlegende Entwicklungen kann der Einzelne ohnehin kaum bestimmen: die gerechte Verteilung der Vermögen etwa, die Energiepolitik, die Eigentumsstruktur, die Regeln auf den Finanzmärkten oder auf dem Weltmarkt.

Insofern ist die Antwort auf die Frage, ob Veränderungen in erster Linie von den Einzelnen oder vom Staat ausgehen, einfach und kompliziert zugleich: Es braucht beides. Kritische Minderheiten, die schon heute mit ihrem Konsum, mit ihrer Geldanlage, mit ihrem politischen Engagement für weitreichende politische Ziele eintreten und Alternativen glaubhaft vorleben und praktizieren. Und es braucht politische Rahmenbedingungen, die diese Alternativen durch Anreize und Gesetze fördern und stützen – und so dafür sorgen, dass die Weichen für die Entwicklung der gesamten Wirtschaft und der gesamten Gesellschaft neu gestellt werden.

Zukunft statt Zocken: Politik für morgen

Die Politik steht vor einer schwierigen Aufgabe. Noch geht es der Mehrheit der Bevölkerung in den traditionellen Industriestaaten wie Deutschland relativ gut. Dennoch wachsen die Herausforderungen gerade aus der Sicht künftiger Generationen: Es wächst die Kluft zwischen Arm und Reich, weltweit konkurrieren immer mehr Menschen um Wohlstand und Ressourcen; das Geldsystem ist alles, nur nicht nachhaltig, das Klima wird aufgeheizt, die Umwelt ist bedroht – und Europa schwächelt in der Konkurrenz mit Nordamerika und China. Angesichts dieser Herausforderungen kann sich Politik nicht darauf beschränken, nur die aktuelle Lage mehr oder weniger gut zu verwalten – sie muss vorausschauend auf kommende Probleme reagieren. Sieben grundlegende politische Veränderungen würden die Lage entspannen. In Deutschland und weltweit.

Mut gegen Macht:
Wege zu einem gerechteren Deutschland

Soziale Gerechtigkeit wird auch in einem reichen Land wie Deutschland zur Schicksalsfrage. Je größer die Kluft zwischen Arm und Reich ist, desto größer ist die Gefahr, dass die Gesellschaft an den daraus entstehenden Konflikten zerbricht. Um solche Konflikte im Zaum zu halten, muss Geld aus Vermögen und hohen Einkommen in die soziale Zukunft des Landes investiert werden.

Gerechte Steuern – gerechter Staat

Nach einer Studie der Organisation für Entwicklung und Zusammenarbeit (OECD) ist die Ungleichheit der Einkommen in Deutschland zwischen 1990 und 2010 doppelt so stark angewachsen wie im Durchschnitt der Industrieländer. Und nicht nur dies: Während sich das Privatvermögen der Bundesbürger seit 1992 auf knapp 10 000 Milliarden Euro verdoppelt hat, sank das Nettovermögen des Staates um 800 Milliarden Euro.

Einen armen Staat können sich nur die Reichen leisten. Soll der Staat selbst zu mehr Gerechtigkeit beitragen, dann muss er reicher werden. Dies erfordert zweierlei: Zum einen den konsequenten Einzug von Steuern bei allen deutschen Bürgern und Unternehmen, auch im Ausland. Zum anderen führt kein Weg an höheren Steuern auf höhere Einkommen, höhere Erbschaften und vor allem auf Vermögen vorbei. Letzteres sehen erfreulicherweise auch viele Vermögende so. Knapp fünfzig von ihnen, darunter auch Unternehmer, haben einen Appell unterzeichnet, dass zwei Jahre lang auf Vermögen von über 500 000 Euro eine Vermögensabgabe von fünf Prozent zu erheben sei. »Dadurch könnten 100 Milliarden Euro in die Staatskasse fließen«, schreibt die Initiative. Und weiter: »Danach sollte die Vermögenssteuer von einem Prozent generell wieder eingeführt werden.«

Die Zukunft erfordert jedoch auch die Reform der Mehrwertsteuer. Dabei sollten Waren des täglichen Bedarfs und Kinderartikel grundsätzlich mit einem geringeren Satz belastet werden. Zugleich braucht es einen höheren Satz für Luxuskonsumgüter, weil diese einen Konsumstandard verkörpern, der weltweit nicht vermittelbar ist. Auf der anderen Seite sollte die Mehrwertsteuer für Handwerksleistungen gesenkt werden. Dies vermindert den Anreiz zu Schwarzarbeit und setzt neue wirtschaftliche Prioritäten: mehr reparieren, mehr erhalten statt ständig neu kaufen und neu bauen.

Damit es keine Missverständnisse gibt: Mehr Gerechtigkeit heißt nicht einfach mehr Geld für den Staat und mehr Geld vom Staat. Dennoch braucht Gerechtigkeit in einer Gesellschaft Rahmenbedingungen, die nur vom Staat gesetzt werden können. So kann nur ein aktiver Staat, der über ausreichend Steuereinnahmen verfügt, in Zukunftsbereiche investieren, die über den Markt allein nicht gefördert werden: in Kindergärten, in Schulen, in Universitäten, vor allem in die Förderung von Kindern und Jugendlichen aus prekären Familien, in den öffentlichen Verkehr, in den Umweltschutz, in eine biologische Landwirtschaft, in eine Wende hin zu den erneuerbaren Energien, in Pflege und Gesundheit. Nur wenn diese

Bereiche nicht nach Marktgesetzen organisiert werden, stehen sie allen gleichermaßen zur Verfügung – unabhängig vom Einkommen der Nutzer.

Auch der soziale Ausgleich für Menschen, die nicht auf der Sonnenseite des Lebens stehen oder in Not geraten sind, kann nur vom Staat organisiert werden. Wenn ein Viertel der Bevölkerung, darunter 2,6 Millionen Kinder, seit zwei Jahrzehnten vom Wohlstand abgehängt sind, dann ist dieser Ausgleich dringender denn je: eine Grundsicherung für alle, die allen Menschen eine soziale Sicherheit gibt, auf der sie ein respektables Leben aufbauen können. Statt eines Ehegattensplittings in der Steuer, das gegenwärtig vor allem besserverdienende Ehepartner ohne Kinder fördert, ist eine wirkliche Familienförderung notwendig. Und gegen Kinderarmut könnte ein Kindergrundeinkommen helfen. Dann sind Familien nicht mehr arm, nur weil sie Kinder haben.

Löhne und Arbeitszeit

Fast acht Millionen Bürger – in Ostdeutschland ist das jeder Fünfte – verdienen weniger als neun Euro pro Stunde. Unterbezahlt sind viele Tätigkeiten in den sozialen Dienstleistungen, von Gesundheit über Kinderbetreuung bis zur Altenpflege. Und selbst die tariflich bezahlten Beschäftigten wurden fast zwei Jahrzehnte nicht am Produktivitätszuwachs der Wirtschaft beteiligt. Soll mehr Geld bei den Menschen unten ankommen, anstatt auf den Finanzmärkten zu landen, braucht es bei Durchschnittsverdienern Lohnerhöhungen im Einklang mit der Produktivität, einen gesetzlichen Mindestlohn von mindestens neun Euro und angemessene Löhne für die Beschäftigten bei den sozialen Dienstleistern. In Berufen mit höheren Einkommen sind zudem wieder Initiativen zur Verkürzung der Arbeitszeit notwendig, denn viele dieser Beschäftigten hungern nach Zeit und nicht so sehr nach Geld.

Rente, Gesundheit, Pflege

Gerechtigkeit entscheidet sich auch in den Sozialversicherungen: Da bei Renten, Gesundheit und Pflege alle die gleichen Beiträge bezahlen und die Zahlungen nach oben durch eine Bemessungsgrenze gedeckelt sind, zahlen Besserverdienende – bezogen auf ihre Einkommen – geringere Beiträge als Niedriglöhner. Zudem werden auf Kapitalerträge keine Beiträge erhoben. Das heißt: In den Sozialversicherungen wird von unten nach oben umverteilt. Dass dies gerechter geht, zeigen die Schweiz und Österreich: Alle Eidgenossen sind Mitglied der Rentenversicherung, auch Beamte, Selbstständige und Nichterwerbstätige. Sie zahlen alle die gleichen Beiträge (auch auf Kapitalerträge), ohne Bemessungsgrenze nach oben. Da die

Rente nach oben begrenzt ist, handelt es sich um eine solidarische Versicherung, bei der die Reichen auch Ärmere tragen.

In Österreich sind alle Bürgerinnen und Bürger in einer gesetzlichen Krankenversicherung, Besserverdienende können nicht in private Versicherungen ausweichen. Solche Systeme verteilen die Belastung gerechter. Sie verhindern Altersarmut und eine Zweiklassenmedizin. Zudem ermöglichen sie eine ausreichende Bezahlung der Beschäftigten mit sozialen Dienstleistungsberufen.

Das bedingungslose Grundeinkommen

Eine bedeutende, aber auch umstrittene Strategie für eine faire Verteilung des Reichtums ist die Einführung eines bedingungslosen Grundeinkommens. Der Denkansatz ist einfach: Alle Bürgerinnen und Bürger erhalten monatlich einen bestimmten Betrag ausbezahlt, bedingungslos. Dafür werden viele Sozialleistungen und alle bürokratischen Kontrollen für den Empfang von Leistungen gestrichen. Würde dieses Grundeinkommen aus dem Reichtum der Gesellschaft finanziert, wäre es eine Umverteilung nach Maß, denn es würde die Mündigkeit und damit die Lebenschancen der heute Benachteiligten beträchtlich verbessern. Kritiker warnen allerdings davor, die Benachteiligten einfach mit einem Grundeinkommen

abzuspeisen, weil diese mehr Hilfe brauchten als nur
Geld. Sie fürchten eine neue Spaltung: zwischen re-
gulär Erwerbstätigen und jenen, die nur ein Grundeinkommen beziehen. Dennoch breitet sich die Idee
weltweit aus und trifft in vielen Ländern des Südens
auf eine breite Resonanz. Noch spaltet dieses Thema
Parteien und Organisationen. Doch die Diskussion
muss weitergehen. Denn: Wenn die Gesellschaft immer stärker zu einer flexiblen Marktgesellschaft aus-
gebaut wird, dann entscheidet die Position der Bürger
am Markt über ihre Rolle. Ein Grundeinkommen
könnte sie stärken.

Umweltgerechtes Wirtschaften für alle:
Die Chance des Ökobonus

In der Diskussion über eine ökologische Wirtschaftsweise stehen sich zwei radikale Fronten gegenüber:
Die Mehrheit in Politik, Wirtschaft und Wissenschaft,
will das Wirtschaftswachstum grün anstreichen – und
ansonsten lieber alles beim Alten lassen. Damit
wächst die Gefahr, dass die Wirtschaft sich zu Tode
wächst. Die Gegenseite predigt dagegen: Weniger sei
mehr und viel weniger sei viel mehr. Dies ist nicht
falsch. Wer allerdings in der gegenwärtigen Lage einfach auf drastische Askese setzt und dramatisch weniger Produktion und Konsum verlangt, wird eine

Wirtschaftskrise auslösen, die die Armut in Deutschland verschärfen und die soziale Spaltung vergrößern würde.

Die negativen Folgen dieser beiden Denkansätze lassen sich nur vermeiden, indem die Belohnungsstrukturen von Produktion und Konsum grundlegend verändert werden: Belohnt werden muss ein Wirtschafts- und Lebensstil, der so viele endliche Ressourcen wie möglich einspart – ohne das soziale Gleichgewicht zu gefährden. Ziel dieses Konzepts ist eine Kreislaufwirtschaft nach dem Grundsatz »cradle to cradle«: Am Anfang fließen möglichst umweltschonende und gesundheitlich unbedenkliche Produkte ein. Sie werden weiterverarbeitet und nach dem Verbrauch der Endprodukte wiederverwertet. Aus der fossilen, industriebasierten Wegwerfgesellschaft von heute würde eine Dienstleistungswirtschaft auf der Grundlage erneuerbarer Technologien und langlebiger Produkte.

Als ersten Schritt zu diesem Ziel braucht es zunächst staatliche (oder private) Investitionen in erneuerbare Energien, in ökologische Verkehrssysteme, in die Einsparung von Ressourcen und in die biologische Landwirtschaft. Will man jedoch alle Unternehmen und Privathaushalte auf diesen Kurs umsteuern, erfordert dies neue Belohnungsstrukturen und Anreize.

Ein wichtiger Baustein ist eine Alternative zum Bruttoinlandsprodukt als Wohlstandsmaßstab, wie es vom Wissenschaftszentrum Berlin in Form des Nationalen Wohlfahrtsindex vorgestellt wurde. Ob es diese Alternative ist oder eine andere – wichtig ist, dass die gegenwärtigen und zukünftigen ökologischen Kosten des Wirtschaftens nicht (wie heute) als Wohlstand gewertet, sondern vom Wohlstand abgezogen werden. Andererseits müsste ein sinkender Verbrauch von endlichen Ressourcen als Wohlstandszuwachs gelten.

Mit dem neuen Maßstab für den Wohlstand schlägt dann die Stunde des Ökobonus, wie er in Basel funktioniert: Wie oben beschrieben, erhebt der Kanton Basel-Stadt eine Stromabgabe in Höhe von etwa zwanzig Prozent des Strompreises. Das Geld fließt jedoch nicht in den Kantonshaushalt, sondern wird an die Bürger und an die Unternehmen (für jeden Arbeitsplatz) zurückgezahlt: Jeder Bürger, egal wie alt, erhält den gleichen Betrag, jedes Unternehmen den gleichen Prozentsatz von der Lohnsumme. Dieses Konzept verbindet Nachhaltigkeit und soziale Gerechtigkeit. Denn: Je mehr ein Bürger oder ein Unternehmen Strom spart, desto mehr ist die Rückzahlung des Ökobonus wert.

Dieses Konzept lässt sich auf Deutschland übertragen. Nehmen wir an, eine mutige Bundesregierung würde Abgaben auf Sprit, Heizöl, Erdgas oder andere endliche Ressourcen einführen. Die Abgaben beginnen zunächst niedrig und werden dann jährlich erhöht. Im Unterschied zu konventionellen Ökosteuer-Konzepten zahlt die Regierung die Einnahmen aus den Abgaben jedoch wieder an die Bürger und an die Unternehmen zurück.

Spätestens dann wissen alle, wie sie am besten von diesem System profitieren. Die größten Gewinner sind die Haushalte, die mit dem geringsten Energieverbrauch auskommen: Wer wenig Strom und Sprit verbraucht, mit der Sonne heizt, sparsam oder gar nicht Auto fährt, aufs Fahrrad umsteigt, Fahrgemeinschaften organisiert, Bahn fährt und nicht fliegt, wird im kommenden Jahr mehr vom Staat herausbekommen, als sie oder er über die Ökoabgabe an den Staat bezahlt hat. Zwar können sich Reiche nach wie vor die Fahrt im Flitzer mit hohem Spritverbrauch leisten – doch mit ihrer Ökoabgabe finanzieren sie den sozialen Ausgleich für jene, die dies nicht tun können oder nicht tun wollen.

Die Unternehmen werden sich darum reißen, möglichst energiesparende Techniken anzubieten – und selbst einzusetzen. Haushalte, Institutionen und Unternehmen kaufen energiesparende Geräte, Solarzellen, Sonnenkollektoren und Blockheizkraftwerke. Ökologische Konsum- und Dienstleistungsangebote schießen wie Pilze aus dem Boden: Zweiliterautos, neue Bahnstrecken, mehr Busverbindungen, stromsparende Kühlschränke. Städte und Gemeinden werden so planen, dass die Arbeitsplätze möglichst nahe bei den Wohnungen liegen. Und die Veränderung wird mit jeder Abgabenerhöhung stärker. Der Ökobonus leitet die ökologische Revolution ein, weil er zugleich einen sozialen Ausgleich für steigende Preise schafft. Die Wirtschaft wird nachhaltiger und gerechter. Es ist zugleich ein Kompromiss zwischen individueller Wahlfreiheit und ökologischer Verantwortung.

Gemeinwohl vor Rendite: Schritte zu einer solidarischen Ökonomie von unten

Noch immer prägen in Deutschland Aktiengesellschaften das Bild vom Unternehmen, obwohl sie nur 0,5 Prozent aller Unternehmen ausmachen. Diese Prägung ist verhängnisvoll: Denn die meisten Aktiengesellschaften sind einseitig auf hohe Renditen für ihre Eigentümer und auf kurzfristige Erfolge ausgerichtet. Zweistellige Renditeziele sind jedoch mit einer nachhaltigen Wirtschaftsweise nicht vereinbar, weil diese Renditen ein extrem hohes Wirtschaftswachstum verlangen. Wenn eine nachhaltige Wirtschaft gestärkt werden soll, erfordert dies die Abkehr vom Ziel einer höchstmöglichen Rendite. Deshalb wird es Zeit, Unternehmen zu fördern, in denen andere Ziele zählen als der maximale Gewinn.

Zum Beispiel Genossenschaften. Obwohl sie keineswegs auf Gewinne verzichten müssen, räumen sie dem Gemeinwohl und den Arbeitsplätzen zumeist den Vorrang ein vor der Gewinnmaximierung – und alle Mitglieder können gleichermaßen mitentscheiden.»In der Europäischen Union stellen sie zehn Prozent der Arbeitsplätze und damit mehr als die Automobilindustrie«, sagt Sven Giegold, bündnis-grüner Abgeordneter im Europaparlament.

Zu Recht mehren sich deshalb die Vorschläge zur Förderung von Genossenschaften. Zwei davon sind besonders wichtig: weniger Bürokratie für kleine Genossenschaften und bessere Finanzierungsmöglichkeiten für alle Genossenschaften. Dann wird es mehr von ihnen geben.

Ebenso bedeutend ist die Förderung der Übernahme von Unternehmen durch ihre Belegschaft. Noch gilt dies in der Politik als Tabu. Doch die Forderung danach gewinnt an Bedeutung, weil in Deutschland jedes Jahr etwa 30 000 bis 40 000 Unternehmen zum Verkauf anstehen, da die Eigentümer nicht mehr weitermachen wollen oder können. Oft genug werden die Betriebe dann von Konkurrenten oder von Hedgefonds übernommen, die sie schließen oder kahlsanieren. »In Deutschland sind sie die Ausnahme, in den USA sind Betriebsübernahmen durch die Belegschaft ein völlig normaler Vorgang«, sagt Michael Lezius, früher Vorstandsmitglied der Arbeitsgemeinschaft Partnerschaft in der Wirtschaft. Auch in Großbritannien und Frankreich wird die Beteiligung der Beschäftigten an ihrer Firma staatlich gefördert. Deshalb sind in Großbritannien 24 Prozent aller Beschäftigten über Anteile an ihren Unternehmen beteiligt, in Frankreich sind es 43 Prozent.

Ein erster Schritt zu mehr Mitarbeiterübernahmen in Deutschland wäre ein Vorkaufsrecht für Belegschaften, wenn »ihre« Betriebe zum Verkauf stehen. Als zweiter Schritt müssten die Unternehmensanteile von Belegschaftsmitgliedern von Steuern und Sozialversicherungsbeiträgen befreit werden. Zudem könnte die Bundesregierung bei der Kreditanstalt für Wiederaufbau einen Sicherungsfonds für den Fall schaffen, dass Firmen mit Belegschaftsbeteiligung pleitegehen. Dieser Fonds müsste die Anteile der Beschäftigten schützen, sodass sie im Fall einer Insolvenz neben ihren Arbeitsplätzen nicht auch noch ihre Kapitalanteile verlieren.

Wichtig wäre zudem ein Kapitalfonds, der aussichtsreichen Belegschaftsunternehmen Kredite gewährt, wenn die örtlichen Banken solche verweigern. Der Aufwand erscheint groß, die Chance ist es auch: Künftig können Belegschaften von Betrieben im Falle des Verkaufs oder der Insolvenz ihres Unternehmens wenigstens versuchen, möglichst viele Arbeitsplätze zu retten und den Betrieb in Eigenregie weiterzuführen.

Die Förderung von Genossenschaften und Belegschaftsunternehmen wäre ein erster Schritt zu einer solidarischen Ökonomie, dem weitere folgen müssen. Eine große Vision ist die Gemeinwohlökonomie, die der österreichische Publizist und Dozent Christian Felber entworfen hat. Für ihn sollten Arbeit und Unternehmen dazu dienen, »den Menschen ein gutes Leben zu ermöglichen«: Dazu gehören für Felber soziale Sicherheit, erfüllende Beziehungen oder der Genuss der Natur, nicht jedoch die Maximierung des Gewinns. Bei den Zielen des Wirtschaftens verweist Felber auf die bayerische Verfassung, Artikel 151: »Die gesamte wirtschaftliche Tätigkeit dient dem Gemeinwohl, insbesondere der Gewährleistung eines menschenwürdigen Daeins für alle und der allmählichen Erhöhung der Lebenshaltung aller Volksschichten.«

Deshalb fordert Felber die Unternehmen auf, eine Gemeinwohlbilanz zu erstellen, die nicht nur den finanziellen Erfolg des Unternehmens bilanziert, sondern auch die Arbeitsbedingungen, die Beziehungen zu den Kunden oder die Folgen für die Mitwelt. Eine hohe Punktzahl bedeutet dann einen großen Beitrag zum Gemeinwohl. Die Politik hat nach Ansicht Felbers die Aufgabe, die Rahmenbedingungen für Unternehmen, die das Gemeinwohl mehren, zu verbessern:

durch einen Steuerbonus, durch Zuschüsse, zinslose Kredite oder durch Siegel, die Verbrauchern anzeigen, welche Produkte unter faireren Bedingungen erzeugt wurden.

Immerhin erstellen inzwischen knapp 500 Unternehmen eine Gemeinwohlbilanz. Dennoch steht die Bewegung noch am Anfang. Doch für die Politik der Zukunft stellt sich schon heute die Frage, wie gemeinwohlorientierte Unternehmen und ethische Produkte stärker unterstützt werden können als Unternehmen und Produkte, die nur die Rendite maximieren – auf Kosten des Gemeinwohls.

Ein anderer Umgang mit Geld ist möglich: Lehren aus der Finanzkrise

Wenn das Finanzsystem den Menschen dienen und nicht immer wieder in die Krise geraten soll, braucht es einen anderen Umgang mit Geld – oben an der Spitze, aber auch durch Banken und Sparer. Für Veränderungen an der Spitze sind klare Regeln erforderlich. Europaweit wurde einiges an Regulierung verbessert, doch die grundlegenden Veränderungen stehen noch aus: Mehr Sicherheit, weniger Spekulation, mehr Eigenverantwortung der Banken und eine Entschleunigung des Finanzsystems – das sind die Stichwörter der Reformen.

Mehr Sicherheit erfordert vor allem strengere Eigenkapitalvorschriften für die Kreditinstitute. Zwar sehen neue Regeln die Aufstockung des Eigenkapitals von heute 2 Prozent auf 4,5 Prozent bis 2019 vor. Doch selbst dies ist längst nicht genug. Nicht umsonst verlangt der Bankenstaat Schweiz von seinen privaten Großbanken ein Eigenkapital von 19 Prozent – das erhöht die Sicherheit erheblich. Banken agieren unter solchen Prämissen nachhaltiger und vorsichtiger, um nicht zu viel eigenes Geld zu riskieren. Und in der Krise müssen die Banken nicht von den Steuerzahlern gerettet werden. Daher sollten auch Schattenbanken dieser Regelung unterworfen werden.

Im Falle riskanter Spekulationen traut sich die Politik bisher nicht an Regeln heran. Längst sind ungedeckte Leerverkäufe in Deutschland verboten, ohne negative ökonomische Folgen. Doch das reicht nicht aus. Es wird Zeit, die Spekulation mit Nahrungsmitteln wieder so zu begrenzen, wie dies bis 1999 der Fall war, nämlich auf maximal 600 Verträge pro Händler (heute ist die Zahl der Verträge unbegrenzt, sodass manche Händler 50 000 Verträge abschließen). Auf ähnliche Weise muss die Spekulation mit Derivaten oder Kreditausfallversicherungen eingedämmt und kontrolliert werden.

Wenn nicht auch in Zukunft die Steuerzahler für Pleitebanken haften sollen, braucht es mehr Eigenverantwortung seitens der Banken selbst. Ein wichtiges Instrument dafür wäre die Trennung der Banken in Investmentbanken und Geschäftsbanken, wie dies in den USA vor 1999 der Fall war. Der Trick dabei: Während die Sparerinnen und Sparer heute für alle Geschäfte der Banken mit ihren Einlagen haften (auch für riskante Investmentgeschäfte), würden sie künftig nur noch für Kredit- und Spargeschäfte in Haftung gehen. Riskante Investmentgeschäfte würden durch gesonderte Banken abgewickelt, die für sich selbst verantwortlich wären. Machen sie hohe Gewinne, schütten sie hohe Dividenden aus. Machen sie hohe Verluste, werden sie abgewickelt. Der Steuerzahler muss sie nicht mehr retten wie heute, weil sonst die Einlagen der Sparer gefährdet sind.

Und nicht zuletzt brauchen wir eine Entschleunigung des rasenden Finanzsektors. Dafür eignet sich am besten eine Finanztransaktionssteuer, die alle Finanzgeschäfte konsequent mit mindestens 0,1 Prozent belastet. Dies verschont langfristige Investoren und trifft kurzfristige Spekulanten. Viele der kurzfristigen Geschäfte würden entfallen, die anderen Geschäfte nachhaltiger werden. Zudem erhielten die Staaten (oder die Europäische Union) Einnahmen, die sich im zweistelligen Milliardenbereich bewegen.

Doch Reformen an der Spitze reichen nicht aus. Wenn das Bankensystem wirklich den Menschen dienen soll, dann braucht es mehr Transparenz. Banken müssen den Kunden genau sagen, wohin ihr Geld fließt. Wie das geht, zeigen nachhaltige Banken wie die GLS-Gemeinschaftsbank schon heute. Sie beteiligen sich kaum an Spekulationen, bei ihnen können die Kunden bestimmen, wo ihre Ersparnisse investiert werden sollen und nach welchen Kriterien. Damit bieten Banken Sparern, Initiativen, Investoren, Großanlegern wie den Kirchen die Chance, mit ihrem Geld ihre Ideale zu fördern. Und diese Chance können alle nutzen: Es gibt inzwischen für alle Geldanlagen – ob Aktienfonds, Rentenfonds, Lebensversicherungen, bei Riester-Produkten oder anderswo – sozialethische Alternativen. Dort zu investieren kann einiges verändern.

Und es geht auch um alternative Geldsysteme, die den Euro oder die nationalen Währungen ergänzen, nicht ersetzen. Zum Beispiel im Chiemgau: Unterstützt von Sparkassen und Volksbanken akzeptieren rund 700 Unternehmen den Chiemgauer als regionale Währung – mehrere Tausend Verbraucher zahlen mit ihm. Da mit Chiemgauern nur bei regionalen Unternehmen bezahlt werden kann, unterstützt diese Währung die Region. Wie bedeutend dies werden kann, zeigt die WIR-Währung in der Schweiz. Dort haben sich 60 000 Betriebe zur WIR-Genossenschaft zusammengeschlossen. Sie können untereinander in der

WIR-Währung bezahlen und haben eine WIR-Bank, die ihnen quasi zinsfrei Kredite gewährt. Diese Finanz-Genossenschaft hat die Finanzkrise unbeschadet überstanden – im Gegensatz zu den Schweizer Großbanken. Man stelle sich nur vor, wie solche lokalen Geldsysteme die regionale Wirtschaft in Griechenland, Spanien oder Portugal beleben könnten.

Ein anderer Umgang mit Geld ist möglich – mit klaren politischen Regeln für die Finanzmärkte und einem neuen Bewusstsein bei Banken und Sparern.

Ein Europa für alle:
Von der Krisenunion zur Vision

Oberflächlich hat sich die Lage in Europa entspannt. Halblegal hat die Europäische Zentralbank angekündigt, alle Staatsanleihen von Euroländern im Zweifel zu kaufen – und auf diese Weise den Euro stabilisiert. Dennoch ist die Krise nicht überwunden: In Griechenland geben Schulen Milch und Kekse während des Unterrichts aus, weil Kinder unterernährt in die Schulen kommen. Jeder zweite Spanier unter 25 ist arbeitslos – genauso wie in Italien. Portugal verscherbelt Betriebe zum Spottpreis an reiche Angolaner und Chinesen. Gleichzeitig ist die Eurokrise für die Deutschen der »Angstmacher Nummer eins«, so eine Umfrage.

Dieses Misstrauen in den Euro und in die Europäische Union ist der sogenannten Rettungspolitik geschuldet. Kern dieser Politik ist ein Rettungsschirm mit hohen Garantiesummen: Daraus erhalten verschuldete Länder Geld, um ihren Gläubigern ausstehende Kredite zurückzuzahlen. Als Bedingung für das Geld muss die Regierung des Landes harte Sparprogramme akzeptieren, um ihre Staatsschulden zurückzufahren.

Das Ergebnis dieser Rettungspolitik ist verheerend: Das Geld rettet weder Griechen, Spanier noch Portugiesen, sondern Banken, Versicherungen und Hedgefonds. Die Sparprogramme bürden die gesamten Kosten der Krise den ganz normalen Bürgern in den Krisenländern auf. Die Folgen: In Griechenland, Spanien und Portugal wachsen Armut und Elend – und mit ihnen der politische Extremismus. Dieser Weg wird die Europäische Union gefährden.

Dabei könnte ein funktionierender Euro das Symbol für eine große Vision sein: ein Währungsdach über einem gemeinsamen Haus Europa, in dem Ziele wie Demokratie, Gerechtigkeit und Nachhaltigkeit mehr zählen als im US-Kapitalismus oder in der chinesischen Diktatur. Dazu müsste jedoch die europäische Krisenpolitik auf völlig neue Grundlagen gestellt werden. So ist es eine Illusion zu glauben, dass Staatsschulden, die die Wirtschaftskraft eines Landes übersteigen, wirklich zurückgezahlt werden können – und dies noch durch eine Sparpolitik, die die Steuerzahlungen verringert. Der Ausweg führt nur über einen anderen Umgang mit den Schulden: Ein Teil sollte in einen Altschuldenfonds fließen – wie dies der deutsche Sachverständigenrat vorgeschlagen hat – und über viele Jahre abgeschrieben werden. Auf eine ähnliche Art und Weise wurde die Schuldenkrise Lateinamerikas in den 1980er-Jahren gelöst.

Zum anderen müssten die Regierungen in Europa durch eine konsequente Besteuerung hoher Einkommen und Vermögen zu mehr Einnahmen kommen. Speziell in den Krisenländern gibt es nach wie vor hohe Vermögen, die so gut wie nicht besteuert werden, auch weil sie ins Ausland gebracht wurden. Die große Chance läge in einer konzertierten Aktion der europäischen Regierungen zur Einführung einer Vermögensabgabe im Sinne eines Lastenausgleichs, mit dessen Hilfe ein Teil der Schulden zurückgezahlt werden kann.

Nichts spricht dagegen, dass Krisenländer wirtschaftlich unproduktive Ausgaben einsparen, zum Beispiel im Rüstungsbereich oder in der Bürokratie. Nichts spricht auch gegen eine entschiedene Bekämpfung der Korruption. Doch Sparen ist nicht genug. Wirklich entspannt wird die Krise aber nur, wenn die Krisenländer wieder auf die Beine kommen. Und das ist möglich. Stellen wir uns vor, die Europäische

Union führte eine Finanztransaktionssteuer von 0,1 Prozent auf alle Finanzgeschäfte ein. Dann könnte Brüssel mit Einnahmen von 60 oder 70 Milliarden Euro rechnen. Würde ein Teil dieses Geldes Jahr für Jahr in Solarkraftwerke, Windkraftwerke, ökologische Verkehrsprojekte und Fabriken in den schwächeren Ländern investiert, dann würde nicht nur gespart. Auf diese Weise könnte sich eine nachhaltige Wirtschaftsweise entwickeln, mit mehr Jobs, weniger Einfuhren und mehr Steuerzahlern. So entstünde langsam ein europäisches Haus, auf das das Dach des Euro gut passen würde.

Dies wären erste Schritte zu einem Europa, das nicht nur eine Gemeinschaft der Starken wäre, sondern auf politische Souveränität, Solidarität und Demokratie gründete. Es wäre eine Europäische Union, die sich nicht mit der Krümmung von Gurken befasste, sondern mit wirtschaftlichen Rahmenbedingungen, die in allen Mitgliedsländern gelten: Mindeststeuern für Unternehmen und Vermögende; soziale Standards, die kein Unternehmen unterschreiten darf; Regeln, die Steueroasen austrocknen und die Banken zu einem Informationsaustausch gegen Steuerhinterziehung zwingen, oder eben eine Finanztransaktionssteuer für alle Finanzgeschäfte. Und es geht um ein Europa, in dem schwächere Volkswirtschaften durch Investitionen gestärkt werden, damit sich unter dem Dach einer gemeinsamen Währung stabile Volkswirtschaften entwickeln.

All das setzt mehr Demokratie in der Europäischen Union voraus: im Sinne eines Europaparlaments, das an allen europäischen Entscheidungen beteiligt werden muss. Auch Rettungsschirme sind nur vermittelbar, wenn sie transparent arbeiten und demokratisch kontrolliert werden. Und es sieht eine Stärkung der Regionen vor. Denn Europa wird nur dann von den Menschen akzeptiert, wenn in Brüssel lediglich übergreifende Rahmenbedingungen festgelegt und alle anderen Entscheidungen den Regionen überlassen werden.

Damit könnten viele Fehler korrigiert werden, die Europapolitiker gemacht haben. Was einst als große Idee begonnen hat, ist zu Verwaltung geworden – und nun ist die Verwaltung die Idee. Dabei geht es im Konkurrenzkampf der Weltregionen um viel: nämlich darum, in der Europäischen Union eine demokratische, soziale und nachhaltige Alternative zum US-Kapitalismus einerseits und zu den kapitalistischen Diktaturen wie China oder Russland andererseits aufzubauen. Denn eines ist sicher: Nur in Europa werden derzeit Demokratie, Gerechtigkeit, Nachhaltigkeit und Wirtschaft zusammengedacht. Es gilt, diese Ziele auch zu verwirklichen.

Fairer Welthandel statt freier Welthandel: T-Shirts ohne Blut

Die Ideologie von der segensreichen Wirkung eines möglichst freien Welthandels mit Waren und Geld wurde in den vergangenen Jahren entzaubert: Der freie Fluss des Geldes macht Anleger und Spekulanten in Steueroasen reicher – und entzieht den Staatshaushalten und damit dem Gemeinwohl riesige Geldsummen. Der unkontrollierte Handel mit wertvollen Rohstoffen finanziert Bürgerkriege. Die mehr als tausend Toten in einer Textilfabrik in Bangladesch im Frühjahr 2013 zeigen, dass der Kampf um Konkurrenzvorteile auf dem Weltmarkt auch auf Kosten der Beschäftigten geführt wird. Wenn diese Missstände abgeschafft werden sollen, dann reicht ein kritischer Konsum nicht aus. Im Welthandel sind mehr Transparenz sowie soziale und ökologische Leitplanken erforderlich: Es braucht einen fairen Welthandel.

Globale Steuerpflicht
Zwar ist unter Politikern das Bewusstsein für die Folgen der Steuerflucht gestiegen, doch konsequente politische Strategien lassen noch auf sich warten. Dabei wäre vieles möglich, was schon heute diskutiert wird: Wenn sich die Regierungen der Europäischen Union auf Mindeststeuern auf Unternehmensgewinne in al-

len Ländern einigen, die – wie Lohnsteuern – an der Quelle eingezogen würden, dann wäre es für die Konzerne deutlich schwieriger, die Finanzämter der verschiedenen Länder gegeneinander auszuspielen und ihre Steuerlast fast auf null zu verringern. Steueroasen wären weniger attraktiv, wenn die Geldhäuser europaweit und weltweit zu Informationen an die Finanzämter jener Staaten verpflichtet würden, aus denen ihre Kunden kommen. Ebenso könnten die Regierungen die Steuerflucht ihrer Bürger durch Umzug ins Ausland dadurch eindämmen, dass sie die Steuerpflicht an die Staatsbürgerschaft binden und nicht mehr an den Wohnort – in den Vereinigten Staaten gilt dies schon heute. Wachsender privater Reichtum bei gleichzeitig zunehmender öffentlicher Armut ist kein Naturgesetz, sondern Politikversagen.

Rohstoffhandel ohne Blutzoll

Was möglich ist, zeigt sich im Rohstoffhandel. Im Sommer 2013 haben sich 33 Länder darauf verständigt, die Transparenz der Geldströme bei der Förderung von Öl, Gas, Kohle und anderer Rohstoffe zu erhöhen. Sie wollen kontrollieren, wo das Geld bleibt. Nur so können sie verhindern, dass Rohstofferlöse die Taschen von Warlords, korrupten Bürokraten oder Oligarchen füllen. Im Handel mit Diamanten wird dies schon heute erfolgreich praktiziert. Es ist deshalb ein wichtiger Schritt, wenn sich nun die 33 Länder und zahlreiche Privatunternehmen auf die sogenannten EITI-Richtlinien (EITI = Extractive Industries Transparency Initiative) für den Blick auf die Geldströme im Rohstoffhandel verpflichtet haben. Deutschland gehört im August 2013 noch nicht dazu.

Bußgelder für Ausbeutung

Dies sind erste Erfolge auf dem Weg vom freien Welthandel zum fairen Welthandel. Erreicht wird dieses Ziel jedoch erst, wenn in den 159 Mitgliedsstaaten der Welthandelsorganisation (WTO) nur Waren von Produzenten frei gehandelt werden dürfen, die politisch vereinbarte Grundregeln einhalten: zum Beispiel die Kernarbeitsnormen der Internationalen Arbeitsorganisation, die Menschenrechte sowie ökologische Mindeststandards. Wären diese sozialen und ökologischen Grundnormen in der WTO verankert, dann müssten alle Mitgliedsländer die Einfuhr von Waren aus Ländern verweigern, in denen diese Regeln verletzt werden. Dabei würde kein Land im Wettbewerb benachteiligt, weil die gleichen Grundnormen für alle Länder gleichermaßen gelten. Unter solchen Bedingungen würden selbst die düstersten Diktaturen und die korruptesten Regierungen lieber diese Regeln beachten als zu riskieren, dass Waren aus ihren Ländern keine offenen Märkte finden.

Wer soll das kontrollieren?, werden viele fragen. Nun, die WTO kontrolliert bereits, ob ihre Mitgliedsländer auch alle Waren aus anderen Mitgliedsländern frei ins Land lassen. Wenn ein Schiedsgericht der WTO zu der Schlussfolgerung kommt, dass dies nicht geschieht, dann erhebt die WTO Bußgelder, sogar von Regierungen mächtiger Staaten. Auf die gleiche Weise könnte die WTO auch Bußgelder erheben, wenn Lieferanten aus bestimmten Ländern gegen die Kernarbeitsnormen, ökologische Mindeststandards oder die Menschenrechte verstoßen. Dann hätte der faire Welthandel eine Chance.

Ein Leben in Würde für alle: Ein Ökoprogramm für die Welt

Die Ressourcen der Erde werden heute höchst ungleich beansprucht. Dies zeigt der sogenannte ökologische Fußabdruck, der 1994 von Experten entwickelt wurde. Er misst jene Fläche auf der Erde, deren Ressourcen ein Mensch beanspruchen kann, ohne die Welt nachhaltig zu schädigen. Auch wenn der Maßstab umstritten ist, so macht er doch die Herausforderung deutlich, vor der die Weltgemeinschaft steht: Würden alle Menschen so leben und wirtschaften wie US-Amerikaner und Deutsche, dann brauchten wir drei Erden. Daraus folgt: Wenn auch künftige Generationen in allen Ländern noch in Würde leben sollen, dann müssen die Industrieländer (und manche Schwellenländer) ihren Verbrauch an Ressourcen drastisch senken, damit die ärmsten Länder ihren Menschen einen höheren Lebensstandard ermöglichen können.

Dies ist nur unter zwei Voraussetzungen realistisch: Zum einen, wenn die Länder mit einem hohen Verbrauch an fossilen und anderen endlichen Ressourcen diesen Verbrauch radikal einschränken. Gleichzeitig müssen die Schwellen- und Entwicklungsländer den Lebensstandard ihrer Einwohner steigern, ohne einen ähnlichen Raubbau an Ressourcen zu betreiben wie die Industrieländer. Für diese komplexen Ziele braucht es Anreizsysteme auf Weltebene, von denen alle beteiligten Länder profitieren. Zwei sind aussichtsreich:

(1) eine Verpflichtung aller Länder, die Subventionen für fossile Energierohstoffe schrittweise zu senken. Laut Internationaler Energieagentur fließen derzeit achtzig Prozent der 600 Milliarden US-Dollar Energiesubventionen pro Jahr in fossile Brennstoffe, nur 88 Milliarden in erneuerbare Energien. Es müsste Teil einer globalen Vereinbarung sein, dass alle Länder die Subventionen für fossile Brennstoffe schnell senken – und einen Teil davon in erneuerbare Energieträger lenken. Dieser Plan würde keine zusätzli-

chen Kosten erzeugen, er würde sie nur umschichten – zugunsten einer anderen Entwicklung.

(2) Genauso wie nach dem Zweiten Weltkrieg der Marshallplan (benannt nach dem US-Außenminister George C. Marshall) dazu diente, Westeuropa wirtschaftlich zu unterstützen, brauchte es jetzt einen ähnlichen Plan, um eine nachhaltige Weltwirtschaft zu fördern. Genau wie es damals im US-amerikanischen Interesse lag, Westeuropa als künftigen Handelspartner zu entwickeln, liegt es heute im Interesse der Weltgemeinschaft, dass die Armut im Süden und Osten bekämpft wird und die Ressourcen dabei nicht immer knapper und immer teurer werden.

Ein ›Marshallplan‹ müsste deshalb partnerschaftlich finanziert werden: die Industrieländer könnten Entwicklungsleistungen einspeisen, die Schwellen- und Entwicklungsländern Einnahmen aus Abgaben, die auch in ihren Grenzen erhoben werden, zum Beispiel auf Kerosin, eine Energieabgabe oder eine weltweite Finanztransaktionssteuer. Diese Einnahmen könnte der ›Marshallplan‹ dann gezielt in die Bekämpfung der Armut im Süden, in eine bessere Ernährung, in den Schutz der Natur und in die Verbreitung erneuerbarer Energieträger investieren. Er könnte ausdrücklich auch originelle Experimente ermutigen wie ein begrenztes Grundeinkommen in einer Region gegen die Massenarmut oder die Erstattung von entgangenen Rohstoffeinnahmen als Gegenleistung für den Schutz eines großen Naturreservates. Die Investitionen würden sich allerdings auf jene Schwellen- und Entwicklungsländer beschränken, die sich selbst mit Abgaben an der Finanzierung des Plans beteiligen. Zudem wird die Förderung aller Projekte zeitlich begrenzt. Es geht um eine Anschubfinanzierung, nicht um dauerhafte Subventionen.

Da diese Vorschläge auf Förderung setzen und nicht auf Verpflichtung, könnten sie einen längst fälligen Einstieg in Alternativen zum globalen Wachstumswahn bieten: Erst wenn fossile Ressourcen teurer werden, sinkt der Anreiz zu immer mehr ökologisch zerstörerischem Welthandel – und mit erneuerbaren Energietechnologien und neuen Strategien gegen Armut und Umweltzerstörung wachsen die Chancen für eine eigenständige Entwicklung im Süden und im Osten – und zu einem Leben in Würde für alle Menschen und alle Generationen.

Exkurs: Das Unmögliche denken: Eine Utopie wird konkret

Zugegeben, es ist schwer, sich vorzustellen, wie eine nachhaltige, gerechte Weltwirtschaft aussehen würde, wenn die eben geschilderten Schritte Wirklichkeit wären. Dennoch lohnt sich der Versuch. Denn in der

Politik ist es wie im Leben: Wer sich Alternativen nicht vorstellen kann, wird sie nicht erleben. Deshalb wagen wir das Unmögliche:

Die Politik hatte endlich den Mut, die Menschen in Notlagen, bei der Arbeit, im Altern, bei Krankheit besser abzusichern. Jetzt können alle in Würde arbeiten und alt werden. Mehr Kinder machen Familien reicher, nicht ärmer. Beim Arzt und im Krankenhaus werden alle gleich behandelt. Auch die Vermögenden sind zufrieden. Sie zahlen höhere Steuern, genießen jedoch den sozialen Frieden. Die Ökoabgaben verändern den Alltag: Jeder Haushalt, jeder Betrieb spart Strom, Öl und Erdgas. Alle wissen: Je mehr sie sparen, desto höher ist der Bonus im kommenden Jahr. Es wird weniger weggeworfen, mehr wiederverwertet, mehr repariert. Langsam entwickelt sich eine ökologische Kreislaufwirtschaft. Die deutsche Wirtschaft verändert sich. Sie ähnelt mehr einem Segelboot als einem Tanker. Zudem entstehen immer mehr Unternehmen, in denen Arbeit Vorrang genießt vor Rendite. Spekulationsgeschäfte sind teurer geworden, weil sie besteuert werden. Dafür können die Kunden ihren Banken sagen, wohin ihr Geld fließen soll.

Nach langen Kämpfen haben die Regierungen beschlossen, sich nicht mehr von Konzernen und Geldanlegern an der Nase herumführen zu lassen. Alles begann in Europa. Alle Entscheidungen gehen durch das Parlament. Die meisten Beschlüsse fallen aber in den Regionen. Es ist jetzt eine Gemeinschaft, in der überall soziale und ökologische Grundsätze gelten. Weltweit gelten Regeln für Steueroasen ebenso wie für den Welthandel. T-Shirts gelangen nur noch auf unseren Markt, wenn die Produzenten Arbeitsnormen einhalten. Ein globaler ›Marshallplan‹ sorgt dafür, dass sich die Armen selbst entwickeln können, ohne die Welt zu zerstören. Freiheit trifft Verantwortung. Es geht eben doch anders.

Wer soll das alles ändern?

Puh, werden viele fragen: Sind solch grundlegende Veränderungen überhaupt realistisch? Auf den ersten Blick nicht. Zu unbeweglich und bewahrend scheint die Mehrheit in der Politik, zu resigniert ein großer Teil der Bevölkerung. Zu mächtig scheinen die wirtschaftlichen Interessengruppen, zu unveränderbar die Strukturen und Werte der kapitalistischen Wirtschaft.

Auf den zweiten Blick gibt es aber auch aktuell schon Hoffnungsschimmer. Die Zahl der Bürgerinnen und Bürger, die fair gehandelte Waren und/oder biologisch produzierte Waren einkaufen, wächst – die Zahl der Städte und Kirchengemeinden, die das tun, auch. Jeder siebte Haushalt bezieht Ökostrom. Mehr als eine halbe Million Menschen teilen sich Autos, 25-mal so viele wie vor zwanzig Jahren. »Nutzen statt Besitzen« – ein Trend gegen die Wegwerfgesellschaft. Und überall im Land gibt es politische Gruppen und Bewegungen, die Alternativen anstreben, obgleich sie oft klein sind.

Selbst wenn die Mehrheit der Bevölkerung noch nicht offen umdenkt, so verändern sich doch ihre Wünsche. Nach der Online-Befragung einer Berliner Agentur hat die überwiegende Mehrheit der Menschen vor allem Wünsche, die nicht käuflich sind: 85 Prozent wollen einen unbefristeten Arbeitsvertrag, 84 Prozent »körperlich fit sein«, 73 Prozent »Kinder haben« – und 45 Prozent wünschen sich bewusst eine Auszeit vom Handy und vom Internet. Freundschaft und Familien stehen ganz hoch im Kurs. Konsumgüter wie Autos verlieren ihre Position als Statussymbole. Stattdessen streben mehr Menschen eine »Work-Life-Balance« an.

Dieser Wertewandel bedeutet nicht, dass bald eine politische Revolution ausbricht. Er schafft jedoch ein gesellschaftliches Klima, auf das eine alternative Politik setzen könnte. Wie sehr ein bestimmtes gesellschaftliches Klima politische Veränderungen fördert, zeigt die Energiepolitik. Nach der Katastrophe von Fukushima erklärte eine an sich atomfreundliche Regierung den Ausstieg aus der Atomkraft und den Umstieg auf erneuerbare Energien. Noch gibt es Kämpfe, Widerstände, gegnerische Interessen. Doch die Veränderungen sind unaufhaltsam. Millionen Bürger produzieren selbst Energie, die Energiekonzerne verlieren an Macht. Unternehmen, Mittelständler, Stadtwerke, Stromproduzenten arbeiten dynamisch an einer Energieversorgung ohne Atomkraft – eine Revolution hat begonnen.

Diese Revolution ist möglich, weil Bürgerinnen und Bürger jahrzehntelang gegen Atomkraft demonstriert und mobilisiert haben – ohne Angst, gemeinsam, vernetzt, mit Führungspersönlichkeiten, aber auch mit der Beteiligung vieler. Sie alle einte die klare und gemeinsame Überzeugung: Es geht auch ohne Atomkraft. Dann entwickelten sie Alternativen, und es entstand die konkrete Utopie einer Welt ohne Atomkraft, die die Mehrheit der Bundesbürger vertritt.

Das zeigt: Politik bewegt sich, wenn sich die Menschen bewegen. Schön wäre nur, wenn nicht für jede Umkehr eine große Katastrophe gebraucht würde.

Meine Geschichte gegen die Ohnmacht –
Ein persönliches Nachwort

Ohnmachtsgefühle lassen sich nicht vermeiden. Zumindest nicht bei mir. Was könnte ich nicht alles tun? Fair gehandelte und ökologische Waren kaufen, das Auto stehen lassen, Sonne aufs Dach, mein Geld ethisch anlegen und vieles mehr. Doch dann sind da die Mühen des Alltags. Ich komme abgekämpft nach Hause – und soll jetzt noch zum Bioladen fahren? Das Auto stehen lassen, ja gut, aber unsere Freunde wohnen auf dem Land. Solarzellen aufs Dach – ja gerne, aber der Hausbesitzer weigert sich. Geld ethisch anlegen – das haben wir gemacht, aber den Sparbrief konnten wir dann nicht vorzeitig verkaufen, als plötzlich eine größere Reparatur fällig war.

So hangle ich mich von Kompromiss zu Kompromiss, Tag für Tag. Und zu alldem kommt noch die Politik. Da versuchen wir, mit Ökostrom zu kochen und weniger Auto zu fahren, doch dann führen die Egozentriker an der politischen Macht wieder Kriege ums Öl. Und selbst wenn in Tschernobyl oder Fukushima die Krebszahlen explodieren, hängen viele noch immer an der Nadel der Atomindustrie. Und, und, und.

In solchen Augenblicken der Ohnmacht hilft mir nur noch eine Geschichte aus meinem Leben. Sie beginnt 1987 auf dem Evangelischen Kirchentag in

Frankfurt. Zusammen mit anderen Demonstranten hatte ich mich vor die Zentrale der Deutschen Bank gelegt. Wir protestierten gegen die Unterstützung, die diese Bank dem Apartheidregime in Südafrika gewährte. Die Angestellten der Bank stiegen über uns, mal schweigend, mal lachend, mal höhnend. Sieben Jahre später, 1994, trat ich meinen Dienst bei *Publik-Forum* an – und irgendwann kamen Freunde aus Südafrika ins Haus, um zu danken: Der Widerstand im eigenen Land, Boykottkampagnen und Solidaritätsaktionen hatten das Apartheidsystem überwunden. Jetzt regierte Nelson Mandela. Ein Wunder war geschehen.

Wann immer sich bei mir Ohnmachtsgefühle einschleichen, erinnere ich mich an diese Geschichte. Wobei ich sie mit einer klitzekleinen persönlichen Ergänzung versehe: Stillschweigend gehe ich nämlich davon aus, dass das Apartheidsystem eigentlich nur überwunden wurde, weil ich, Wolfgang Kessler, 1987 vor der Deutschen Bank gelegen habe. Spätestens dann lassen meine Ohnmachtsgefühle nach, und mein Lebensmut kehrt zurück. Und ich wette, dass die meisten Menschen auch Geschichten gelungener Veränderungen aus ihrem Leben erzählen können. In Zeiten der Ohnmacht sind diese Geschichten besonders wertvoll.

Beeindruckende Bücher

Frank Schirrmacher: Ego. Das Spiel des Lebens, Karl Blessing Verlag, 2013
➤ *Beschreibt, was Kapitalismus mit den Menschen macht*

Günter Wierichs: Das kritische Finanzlexikon, Westend Verlag, 2013
➤ *Erklärt abstrakte Finanzbegriffe, aber auch ihre politischen Hintergründe*

Geiko Müller-Fahrenholz: Heimat Erde. Christliche Spiritualität unter endzeitlichen Bedingungen, Gütersloher Verlagshaus, 2013
➤ *Schonungslose Analyse mit etwas Hoffnung*

Christian Felber: Die Gemeinwohl-Ökonomie. Die demokratische Alternative wächst. Aktualisierte und erweiterte Ausgabe, Deutike, 2012
➤ *Eine Bewegung voller Hoffnung*

Dirk Müller: Showdown. Der Kampf um Europa und unser Geld, Droemer, 2013
➤ *Scharfe Kritik – interessante Lösungsansätze*

Es wird Zeit...

Publik-Forum

kritisch · christlich · unabhängig

»Alle zwei Wochen hilft mir
Publik-Forum auf besondere Art,
Glauben und Politik zusammen
zu denken. Weiter so und
vielen Dank dafür!«

Sven Giegold
Mitglied der Grünen Fraktion
im Europaparlament

Kostenloses Probelesen? Ja!

Senden Sie mir drei aktuelle Ausgaben **Publik-Forum kostenlos** zum Probelesen. Bestelle ich nicht innerhalb einer Woche nach Erhalt des dritten Heftes ab, wünsche ich Weiterlieferung im Abonnement. Der Abonnementpreis* beträgt im Halbjahr 49,80 € (86 CHF inkl. Aufbruch). Das Studenten-/Vorzugsabonnement gibt es gegen Nachweis zum Preis von 35 € (62 CHF inkl. Aufbruch). Den Bezug kann ich jederzeit kündigen.   *Stand: 01.01.2013

Bitte den Bestellcoupon abtrennen/
kopieren und ausgefüllt und unterschrieben senden oder faxen an:
Publik-Forum
Verlagsgesellschaft mbH,
Postfach 2010, D-61410 Oberursel.
Telefon: 0 61 71 70 03 – 14,
Telefax: 0 61 71 70 03 – 46,
www.publik-forum.de/probelesen

Name, Vorname

Straße, Hausnummer

Postleitzahl, Ort

Telefonnummer   Geburtsdatum

E-Mail

20132210

Datum, Unterschrift